博学之，审问之，慎思之，明辨之，笃行之。

——《中庸》

子曰："我非生而知之者，好古，敏以求之者也。"

——《论语·述而篇》

刘君祖 著

论语演义

一

上海三联书店

图书在版编目（CIP）数据

论语演义 .1/ 刘君祖著 . —上海：上海三联书店，2014.6
ISBN 978-7-5426-4715-3

Ⅰ.①论…　Ⅱ.①刘…　Ⅲ.①儒家 ②《论语》– 通俗
读物　Ⅳ.① B222.2-49

中国版本图书馆 CIP 数据核字（2014）第 065130 号

论语演义（一）

著　　者 / 刘君祖

责任编辑 / 陈启甸　王倩怡
装帧设计 / 宁成春
监　　制 / 吴　昊

出版发行 / 上海三联书店
　　　　　　（201199）中国上海市都市路 4855 号 2 座 10 楼
　　　　　　http://www.sjpc1932.com
邮购电话 / 021-24175971
印　　刷 / 三河市兴达印务有限公司
版　　次 / 2014 年 6 月第 1 版
印　　次 / 2014 年 6 月第 1 次印刷
开　　本 / 630mm×960mm　1/16
字　　数 / 190 千字
印　　张 / 15.5

ISBN 978-7-5426-4715-3
B・364 / 定价：38.00 元

自序：儒心流泉

　　《论语》可说是中国第一书，华人社会从孩提起即深受其影响，八岁读触动情思，八十岁时再读仍觉隽永无穷。人生在世，己立立人，己达达人，二十章一万六千多字几乎谈遍，句句精练到位，若能虚怀体悟，真诚实践，确可身心受益。旧社会高度崇尚，近代西化浪潮冲击，多所轻慢忽视，当代世变酷烈，人心失守，不少人又重新探究审理。然而，《论语》智慧的真相一般人依旧未明。

　　《论语》为四书之首，以孔子思想为核心，义理涵盖曾子整理的《大学》、子思传述的《中庸》，并启发后续的《孟子》思想。由于汇编的方式为语录问答体，似无严谨的论述体系与结构，古今的读者多难一以贯之。其实，孔子晚年删定《五经》，其究竟圆融的思想在《诗》、《书》、《礼》、《易》、《春秋》中有完整展现，尤其《易经》与《春秋》为孔学微言大义的根柢。不通《五经》，不会真正了解《论语》所言为何，孔子那些因机触发、自然流露之语，若熟悉经旨，便可知其所谓，豁然贯通矣。

　　有鉴于此，《论语》为论道之语，也是代表孔圣思想的结论之语。孔子集华夏文化思想之大成，又深悟与时创新的重要，孟子誉其为"圣之时者"。《学而篇》开宗明义即宣讲："学而时习之，不亦说乎？"《乡党篇》最末记师徒出游，山梁雌雉见机而作，夫子叹曰："时哉！时哉！"前后对照，终始一贯。今本《易传》中处处引用"子曰"，强调时机时势的重要，时舍时行，时用之义大矣哉！引《易》印证《论语》，必有助于全面而深入理解孔子思想的真相。

本书特色之一，即将《四书》、《五经》融会贯通，尤重以《易》证论，依孔解孔。《论语》的生命智慧活泼透达，易理博大精深，本书以明白晓畅的演说方式细细讲述，希望读者能真正受益。孔子为儒家思想的大宗师，弟子三千人，成才者七十二贤，堪承教化衣钵的颜回又英年早逝，孔子去世后儒分为八，说好是处处开花，其实也是学团的内讧分裂。这段弘法传道的历程值得省思研究，供仁人志士鉴往知来。本书另一特色即从《论语》章句中分析孔门诸贤言行，尝试勾勒一二历史情境。司马迁《史记》有《孔子世家》与《仲尼弟子列传》，钱穆《怀旧游》有文曰"当年齐鲁衣冠"，皆情致动人。本书花不少篇幅传述孔门人物，立意宏深，期各方读者善思体会。

一般多认为孔门弟子汇编《论语》，只是以类相从，篇章间并无多大逻辑关系，是又不然。上论以时习时行始终，下论以先进介绍孔门十杰始，以《尧曰》承继中华道统终，都见编辑巧思与深意。《学而第一》勉励人终生学习，《为政第二》教人知行合一学以致用，《八佾第三》将学、行落实于礼法制度，《里仁第四》强调仁为礼本，勿殉名失实，《公冶长第五》、《雍也第六》起，依前述内圣外王的标准展开人物评论。这些删、订、赞、修的编纂深意，本书皆予阐发说明。

人类文明跨世纪以来，天灾人祸不断，真正是乱世或佛教所谓的末法时期景观，令人凛然生惧。要摆脱文明发展的困境，华夏文化的王道理念与淑世情怀确能提供出路。《易》卦排序困（☷）后为井（☵）为革（☲），井卦所论即返本开新，凿井及泉汲引往上，可纾解地表亢旱水荒之困，取之不尽，用之不绝。《论语》知人论世，真挚恳切，我视之为昏昏乱世的"儒心流泉"，本书略作汲引以飨当世，期仁人君子裁量焉。

　　　　　　　　　　　　　刘君祖　于夏历甲午年三月

目 录

引 论

《四书》概说

　　《论语》、《孟子》、《大学》、《中庸》被称为《四书》，是中国古代最普及的经典，宋代朱熹所注《四书》，被朝廷列为官书。元代恢复科举考试时，把出题范围限制在朱熹《四书集注》之内，明清八股取士，更是如此。很长一段时间内，《四书》都是知识分子的必读书，只要你认识字，又想在那个时代立足，就得熟读《四书》。当然，现在已经不是那个时代了，但是这些经典依然历久弥新，值得我们再去琢磨。

　　现在回过头去看，《四书》跟人的功名利禄密切结合，学得好，最容易让人受益。不过，其最大也是最明显的益处还是体现在日常生活中，表现为任何人都对它们不会感到陌生，因为不管你喜欢不喜欢，有没有阅读，这些经典中的某些观念也会通过各种渠道潜移默化到中国人的衣食住行中，流淌在一代又一代的中国人的血液中，影响着人们的为人处世、判断思考。

　　另外，从政治的角度来讲，它又与政治势力，与文化教育、典章制度等结合在一起，这种结合也存在弊端，最明显的是会让这些学问变得比较功利。比如，这些经典的某些理论一旦跟某个专制王朝的政治目的结合，就会变味。历史上很多帝王都曾利用《四书》或者孔老夫子的儒家思想来做其政权"保镖"，最典型的就是汉武帝时代的"罢黜百家，独尊儒术"。在这种时候，《论语》中某些成为人民喉舌的话语，也就是我们称之为"微言大义"的真相，就被扭曲变形了。

自古以来，狭义上的经书是《五经》，即《诗》、《书》、《礼》、《易》、《春秋》。至于那部《乐经》，一直是中国文化史上的公案，是曾经有过，还是压根儿就没有？抑或后来失传了？没人知道，所以"六经"之说只是个虚名；也有人说《乐经》本来就不是文字，只是《诗经》的配乐，虽然经过了很多人的回溯考证，但至今仍是个悬而未解的谜。《四书》本来不能算作经，至南宋才有所谓的《十三经》的说法，它们分别是：《易经》、《尚书》、《诗经》、《周礼》、《仪礼》、《礼记》、《春秋左氏传》、《春秋公羊传》、《春秋谷梁传》、《论语》、《孝经》、《尔雅》、《孟子》，把《论》、《孟》、《学》、《庸》这四本书都收进去了。

《四书》是《论》、《孟》、《学》、《庸》的合编，以整体的名称出现，跟宋代朱熹有关，朱熹为了帮助人们学习儒家经典，从儒家经典中精心节选出四本书——《大学》、《中庸》、《论语》、《孟子》，并刻印发行。这是中国教育史上的一件大事。《四书》影响深远，我在开头就已经说过。其中的《大学》、《中庸》本来不是经，它们和《礼经》有关，《礼经》是《礼记》、《仪礼》、《周礼》的合称，《礼记》实际上是《礼经》的一部传。《礼记》共有一百三十篇，传世的所谓的《大戴礼记》和《小戴礼记》，"大戴"指西汉今文学家戴德，"小戴"是戴德的侄子戴圣。大小戴《礼记》主要内容还是在解释礼，当然，里面也有很多精彩的篇章，大家熟悉的"大同"思想就是《礼记·礼运篇》里的一节。《中庸》、《大学》本来都是《礼记》中的一篇，因为这两篇的哲学意蕴深厚，而且体系完备——从形而上谈到形而下，从修身、齐家、谈到治国、平天下，既严密又实用，所以到南宋时，朱熹就凭借自己的学术地位，把《中庸》、《大学》从《礼记》中抽了出来，跟《论语》、《孟子》并列成了《四书》。朱熹认为这四部书最能代表整个儒家思想，才把它们编在一起。

《四书》中的《论语》从先秦就开始流传了，内容就是孔子和弟子所发表的言论。《四书》的主体还是《论语》，还是孔子思想。因为孟子曾明确表态，在那么多的圣贤里，他最心仪、最尊崇的就是孔子。一方面他们都是山东人，离得很近；另一方面两人的志趣也很投合。但是《论语》和《孟子》，若以先秦的经、史、子、集来论，只能算"子书"，和《老子》、《墨子》、《韩非子》一样，本属一家之言。但到南宋时把它们当成"经"来看待了，它们的意义就扩张了，影响力自然就大了。换句话说，《论》、《孟》都是从儒家的祖师爷——孔子的思想中延伸出来的。这其中更主要的原因是，孔子在中国传统文化中的地位特别像一道堤坝，他之前所有对经的解释都由他在晚年做了一次总整理，那是一项规模浩大、独具匠心的编辑工程，叫删、订、赞、修，即删《诗》、《书》，订《礼》、《乐》，赞《易》，修《春秋》。所以，《四书》跟孔子的关系非常密切。学《易经》的人都知道，《易传》中，尤其是《系辞传》和《文言传》里，有很多"子曰"。然后，孟子说其私淑孔子，整部《孟子》，当然也是在发扬光大孔子的思想。《大学》、《中庸》就更是如此，里面也有很多"子曰"。

按照过去的讲法，无论是孔子的徒子、徒孙编写的，还是记述的，都是孔子思想的组成部分。像《中庸》是孔子的嫡孙子思编的。孔老夫子的儿子不怎么出色，可他的孙子很优秀。夹在祖孙之间的儿子伯鱼就显得有点尴尬了，一方面是子以父贵，另一方面是父以子贵，大家如果到山东曲阜的孔林去，就会看见他们祖孙三代的墓是在一起的，孔老夫子的墓在最后，表示其最受尊崇，前面是儿子伯鱼的墓，还有孙子子思的墓，那叫携子抱孙。子思确实很优秀，《中庸》这部中国传统文化的重要著作，就是他编撰的。

另外，《大学》是孔门七十二贤中的曾参编的。换句话说，《中庸》和《大学》的编撰者一个是孔子的徒弟，一个是孔子的孙子，都是以孔子的思想作渊源来阐发的，所以，《四书》说到底都是在阐扬孔学。又因为孔子跟《五经》的关系也很密切，他不只是费心整理，而且是带有创造性、批判性地整理，所以《四书》、《五经》合起来就有九部了，实际上不止九部，因为《春秋》又分三传（左氏、公羊、谷梁），又有所谓的"三礼"（《礼记》、《仪礼》、《周礼》），再把《孝经》（《孝经》传说是孔子自作，曾参整理，但南宋时已有人怀疑是出于后人附会。清代纪昀在《四库全书总目》中指出，该书是孔子"七十子之徒之遗言"，成书于秦汉之际）、《尔雅》（《尔雅》是我国最早的一部解释词义的专著，也是第一部按照词义系统和事物分类来编纂的词典，是疏通包括五经在内的上古文献中词语古文的重要工具书）拉进去，所以就有了《十三经》之说。但是，有一点是肯定的，这些经典以儒家思想为主，中国最有代表性的主流文化就是儒家思想文化。

《论语》的框架

大家读《论语》的时候，一定不要存什么功利心，要有点耐性，学会慢慢品味，轻松阅读，不要人云亦云，或者看一些哗众取宠的现代人对《论语》的心得，那样会把原典的品位搞掉，而且会养成不良的阅读习气。大家记住，凡是经典，至少有七八成以上是在很长时期内形成的，是比较稳定的且站得住脚的。还有一点要提醒大家的是，整部《论语》全是因机问答、自然流露。我们看到的这部《论语》是在孔子去世后，由其弟子们编辑整理的，当时他的那些徒子徒孙可能也开了好多次编辑讨论会。参与编辑的每个人大概都亲自听过或者听人转述过孔子的课。就像佛门的阿难尊者一样，"如是我闻"，大家在讨论会上互相沟通，印证自己听到的东西，然后将这些内容汇总，再排一个序，最后记下来。如此，《论语》就这样诞生了，两千多年传下来，就是我们现在看到的《论语》二十篇的格局。

有人把前十篇叫上论，后十篇叫下论，上论从第一篇《学而》到第十篇《乡党》。《乡党篇》是孔子的生活记录，其中有些内容我们现代人读起来会有点吃力，因为现在的社会环境和当时完全不同，当时的衣食住行和娱乐的情形与现在很不一样。下论从《先进篇》开始至《尧曰篇》结束。除了《乡党篇》比较特殊之外，第二十篇《尧曰篇》也比较特殊，应该算是孔子的遗嘱吧。

《论语》从教我们要终身学习——"学而时习之"开始，然后慢慢展开，就开始讲道统，讲尧舜，最后提出一个殷殷的期盼，希望大家能将道统发扬光大、传承下去。《尧曰篇》是《论语》的最后一篇，很像佛经中的"付嘱品"——最后的嘱咐。从倡导"学而时习之"开始，到提出一个期望或交待结束。很显然《论语》的编撰不是杂乱无章的，而是有统一的编辑思想和整体架构的。

另外，过去有个说法是《论语》分成二十篇，到底把什么内容放什么位置，多多少少该有一个编辑逻辑。可是长期以来，读

《论语》的人发现，其中的逻辑似乎并不是很清楚。当然，一章之中，有一些关联性非常强的内容会放在一起，但有一些不相干的内容也放在其中，所以，说起《论语》编辑成书的过程，大家就会觉得比较随机、散漫，这就更不容易让人们把握《论语》的思想体系了。还有，既然是定了篇，就要有篇章的名字，依次是《学而篇第一》，《为政篇第二》，接下来是《八佾篇第三》、《里仁篇第四》、《公冶长篇第五》、《雍也篇第六》……最后我们会发现，它的篇名其实是后取的，常常跟每一篇的第一章的前两个字或者前三个字有关，也就是说篇名取得比较随机，并不意味着这一篇里一定有一个系统的主题。这样讲大致是对的，但是也不完全准确，因为若仔细研读，你会发现《论语》的二十篇并不是完全随机的。

尤其是前几篇，它的编辑思想很明确，第一篇就教导我们要学习，所以叫《学而篇》，第二篇是教你所有学的东西要有所用，政治就是管理众人之事，所以第二篇就叫《为政篇》。换句话说，《学而篇》有点像古代讲的"内圣"功夫，讲人的内心修为，要好好学习，打好做人的基础。第二篇就是"外王"事业，由"内圣"而"外王"，要人学会做事，以前是从政，现在则包括从政、经商等各种事务。由内而外，内圣外王，这是必然的趋势。如果你所学的东西没有一个平台、道场去印证、历练，那就没办法活学活用。所以，《论语》先谈内在的充实；接着就讲事业上的发挥，故曰"学而第一"、"为政第二"。《学而篇》因为开篇有"学而时习之"，所以就叫《学而篇》；而第二篇开篇"为政以德"，所以就叫《为政篇》。"为政以德"其实就是告诉你，"为政"是要靠"德"的，也就是说，如果要想外王，必须先要有内圣的修为，你的事业要做好、做大、做成功，内在的学养储备很重要。

另外，《为政篇》除了谈政治以外，很多地方依然在谈学习、谈学问，《学而篇》中也有很多内容是谈政治的，是教你怎么做事的，所以虽然篇名为"学而第一"、"为政第二"，但实际上《论语》的各篇内容是交织融合在一起的。就像《大学》一样，先"格（物）、致（知）、诚（意）、正（心）"，然后"修（身）、齐（家）、治（国）、平（天下）"这样推衍出去，一个很圆满的人生就成型了，样样不落空。《学而篇》里有十六章，《为政篇》里有二十四章是交叉谈的，《为政篇》中也谈学习，《学而篇》中也谈为政，这样它的思维逻辑我们就比较清楚了，前两篇主要是在教我们怎么学、怎么做。

《论语》的第三篇叫《八佾篇》，八佾为古代的一种乐舞，因舞时八行八列而得名。根据礼法规定，八佾之舞只有周天子才有资格享用。后世祭孔的乐舞中就有八佾舞，这是一种礼。"礼"在当时是一种非常重要的社会制度，是人与人之间互动的规范，《八佾篇》里绝大多数在谈礼，这就开始涉及制度了。《学而篇》、《为政篇》还没有对实际的制度层面进行探讨。如何为政？学而优则仕，所学的东西要用在做事情上，那就要建构、发展组织，建立制度，所谓的"为政"要落到实处，一定要有典章制度来保证。而《八佾篇》在《学而篇》、《为政篇》之后，主要谈的就是当时的一些重要制度，还有对那些制度的反省、批判和描述，因为那些制度中包括了太多的礼。

另外，《八佾篇》讲得比较多的是人与天地鬼神之间沟通的祭礼。学过《易经》的人都知道，《易经》中有大量的经文是记录人与天地鬼神之间的沟通，所谓的"制礼作乐"中的"礼"很重要；用我们现在的话讲，除了人与人之间的关系要遵守规范之外，人与自然生态之间也要实现平衡互动。人类要尊重自然、爱护自然，还要处理与天地鬼神、文化的关系。在《八佾篇》里所谈的宗庙中的很多礼，那是重心所在。有了礼，《学而篇》、《为政篇》才能落到实处，才能真正实现内圣外王。只有在制度层面有所体现，人的行为才有规范、分寸。就像《易经》中的节卦（䷻）《象传》所说的"节以制度，不伤财，不害民"。这就是第三篇《八佾篇》的意思，制度很重要，是社会的规范。

第四篇《里仁篇》，根源于一旦制度定了、实行的时间久了，人们就会慢慢忘掉制定某个制度的依据是什么，有时候会觉得很繁琐，然后就开始敷衍，慢慢地，这些制度就开始流于形式，所以这一篇提醒人们，所有的制度，都是根据"仁"，也就是仁心、仁德来定的。"礼"的核心是爱，是仁，而不是约束人。儒家的核心创造力就是"仁"，仁为礼本，所有的制度都不能偏离"仁"。一旦有了"仁"这个核心，你就会觉得那些礼很美，很愿意去遵守。也就是说，当你能欣赏到礼制中最高明的东西时，就不会觉得那是约束了。可是，如果你偏离了仁心、仁德，只讲究外在形式，那些繁琐的仪节就没有生命力了。所以，《论语》在谈完"礼"之后，自然要告诉大家礼的核心是什么，为什么要制定礼，并且指出，我们不必因循守旧，完全可以随着时代的变化制订新的礼。但是，古礼或者新礼，都不能偏离儒家核心的创造力——仁。在《易经》中就是复卦（䷗）的概念，一元复始，万象更新。《系辞传》更是称许："复，德之本也。"

就这样，《论语》的前四篇自然而然地形成了息息相关的思想体系，先从学习到政事，再到讲究制度规范，让你明白制度规范的核心创造力是人与人之间互动的仁。这样一来，一个培养人的模式就大致成型，变得很完整了。

接下来，就需要验收成果了。因此，《论语》在第五篇《公冶长篇》和第六篇《雍也篇》，以及后面的一些篇章里，开始发表对各种人物的评论。换句话说，《论语》前面的四篇是一个标准，

《孔子圣迹图·先圣小像》

　　孔子是伟大的政治家、思想家、教育家，是对世界影响最大的文化巨人之一。于鲁襄公二十二年（公元前551年）生于鲁国陬邑，其父叔梁纥为邹邑大夫，以武力著称于各国。其母颜征在，知书达理，善良贤淑。

指出人要怎样做才能趋向完美，活得自在。事实上，很多人是达不到这些标准的，现实中有很多负面的、失败的例子。知人论世很重要，孔子的弟子中就有活生生的标本。成功的也好，失败的也好，作为典型出现在《公冶长篇》和《雍也篇》这些人，包括后面的其他篇的出场人物，或者由孔老夫子来谈，或者由学生来问，对这些人进行评论的，目的就是让弟子知人，用前面四篇的理想制度规范来反省自察，看他们究竟能做到多少。

可见，《论语》的篇章结构并不是完全不成体系、任意而为的。但很奇怪的是，古人、今人对于《论语》的理解和解读，好像在这一点上都很少下功夫琢磨，大多数人是直接接受了以往的解释。这有点像什么呢？像我们学《易经》六十四卦，其卦名是先定的还是后定的？我想，很有可能是先有文字，后有编辑架构，比如先有"学而时习之"，才有《学而篇》。

《论语》成书的篇章顺序，并不是按孔子及孔门弟子讲的时间来排的，大概当时这些孔门弟子编辑的时候，把得票最高的放在了最前面，之所以这样编排一定有它的意义。我们读过去的书，什么摆在最前面，什么摆在最后，中间如何铺陈，都很重要。即便像这样的语录体，怎么开始，怎么结束，用《易经》的话来讲就是"始（开始）、壮（发展）、究（结束）"，这就是作品的结构。对我们来说，这也是一个指导，我们写文章要讲究起承转合，怎么开始，怎么结束，中间怎么发展。《论语》在这方面太有代表性了，它教我们终身学习，与时俱进。

上面这些叙述先让大家对《论语》有一个大概的了解，有一点要说明的是，我所讲述的《论语》不是按篇章的顺序来的，是打乱顺序的，是根据蒋伯潜先生的《论语》读本顺序而行。接下来，我们就开始静下心来一章一章地学习。

第一章

学而时习之

子曰："学而时习之，不亦说（通'悦'）乎？"

——《学而篇》（1.1）

白话试译

孔子说："学到了东西之后能够在适当的时机去印证练习，不也是令人愉悦的事吗？"

讲评

《论语》书中的"说"字，大多同"悦"。学过《易经》的就很清楚了，那就是《易经》中兑卦（☱）的概念。在古代，在《论语》成书的时候，很多字是通用的。"兑"字加"讠"就是"说"，加"忄"就是喜悦的"悦"，加"月"就是"脱"，加"钅"就是"锐"，但是"说、脱、悦"三个字常常是通用的，用"说"来代替。它们都跟兑卦的意象有关，《易经》中的兑卦几乎就是"学而时习之"的概念，兑卦《大象传》称"君子以朋友讲习"，可见它们之间的关系有多深。

　　"学而时习之，不亦说乎？"这句话过去有很多解释，但都解释得不够好，甚至有可能造成误解，让人以为学习成了沉重的负荷，一点儿都不愉快。这里的"而"是什么意思呢？是"能够"，意思是能办得到。学习要活学活用，不是死读书，不能做填鸭式的书呆子。任何学习中的人都有其所处的时代环境，要把所学的东西用来回应所处时代产生的新问题。所以，人一定要把自己所处时代周遭发生的很多事情，包括自己的种种经验，以及面临的诸多问题，都作为学习的素材，就像做习题一样，一个个来印证、体验，看看自己所学的那些理论，在实践中能不能得到应用。

　　"学而时习"无疑是一种正确的学习态度，"时"不是"时常"，而是《易经》中强调的"时"，即对时机、时势的准确把握。谁都不是今之古人，每个时代都会面临非常切身的、重大的新问题，我们所学的东西要能解决当代的问题，不管你学的是几千年前的先贤经典，还是前辈的经验之谈，面对的都是自己所处时代的问题，任何理论都不是空的，要随时与时势结合，用学到的东西去思考现实问题，在实践中验证，这才能称得上"时习之"。"时"是与时俱进的"时"，它是活的。能"时习之"的学习才是衷心喜悦的学习，用佛教的话讲，才会产生法喜。如此，才能心甘情愿、永不怠倦地学习，这种内心的喜悦就像兑卦《象传》所说的可以忘劳、忘死。可是，过去的解释为什么会如此粗疏、漫不经心，而且还产生误导，以致这句话原来的力量完全没有了呢？有些解释把"学而时习"这种"活学活用"解释成：我们学习一种东西，要能够时常去温习它。这话简直就跟没有说一样，更要命的是，它常常会让我们联想起比较刻板的教学体系中的某些体验，白天上学老师跟你讲了这个、讲了那个，希望我们要经常去做练习，最好晚上连觉也不睡地做习题，这摆明了是违心之论。这样做的时候人的内心一定是充满了厌恶。一个小孩子在接受启蒙时，除非他天生就是读书的好苗子，否则，你要他上完课之后，放弃其他任何娱乐，时时刻刻都去温习功课，他的内心会充满喜悦吗？恐怕没有这样的事！他会觉得这是强迫，肯定不愿意！如果说他发现说所学的对当下个人的生活非常有用，可以在新的时代得到印证，那肯定能产生由衷的喜悦，这才是"学而时习之"，真的是"不亦说乎"！

孔老夫子就是这样，学能时习之，拿当代很多的东西去印证所学到的古典的真理，这样一来，理论与实践就能动态地结合了。不用老师强迫，你也会主动去学习、思考、研究。就像我曾跟我的老同学说，当我对《易经》熟练到一定程度的时候，看报、看人、想问题的时候，《易经》中的那些卦象就会自然而然地浮现出来，你肯定会想去印证它，印证完了确实很高兴。那真的是一种主动学习所带来的快乐。可见，把"学而时习之"解释成"时时去温习它"，根本就是一种对人的折磨，完全没有把真正的经义讲出来。

我曾经对很多人讲过，篆书中的"学习"这两个字就充满了趣味，让人觉得人生很有趣，迫不及待地想要去了解。篆书的"學"字，下面一个小孩子的"子"，上面就是两只手在玩那个"××"，那两个"×"就是《易经》中卦爻的爻，小孩子对此充满了好奇，开始去玩味卦爻的变化，甚至不用通过文字，就能体会其中活泼泼的智慧，这就是"学（學）"，"学"就开启了孩子的蒙。"爻"代表着人生中层出不穷的问题，一个爻便是一个问题。学问、学问，有问题才学习，或者学了之后，不了解再问。通过学习的积累，就会慢慢有所觉悟、有了见解，这就是"觉（覺）"，就开了智慧。"覺"字小孩子上面那两只手还在，但已经渐渐有了成熟的见解。佛就是觉者，自觉觉人称菩萨，觉行圆满才是佛，所有的智慧德行都是从"觉"开始的。而人要想"觉"，就得玩味、研究人生中形形色色的问题，这种玩味从儿童时就已经开始了。

再看"习（習）"字，从字形上看，它是小鸟练飞的象，小鸟练习如何驾驭自己的羽毛。对此，朱熹的解释比较经典，比我们做习题要有趣多了，什么叫"习"呢？就是"鸟数飞"。小鸟要想自己飞翔，一定要不断地练，老鸟可以指导它，但是不能代替它，一定要靠它自己去体会，经过不断地跌跌撞撞，才能摸索着飞起来，这就是"习"。人生就是这样，想要自强自立，一定要经历练习、摸索、磕碰的阶段。

"习"就是把你所学到的理论、观念在实际生活中体会、印证，"習"字的"羽"下面的"白"应该是一个变体，可能是"日"字，意思是要天天练，否则就不见得能飞得好；也有可能是自强不息的"自"，意思是学习要靠自己。如果我们懂得了这个字根的意思，领会了孔老夫子讲"学而时习之"这句话的真正含义，就摆脱了很多学习的障碍，会打心眼里认为学习是一件赏心悦目的事情。这个意思在《孟子》里也有，孟子也发过类似的感慨，他说，义理之学带给我的感觉，就像吃非常好吃的猪肉一样。即"义理之悦我心，如刍豢之悦我口"，指的就是好的学问就是人的精神食粮。

"不亦说乎？"不是强迫性的反问，孔子是在跟我们讲道理，是劝导式的。他说，我"学而时习之"感到由衷的喜悦，你们难道没有同感吗？如果真的体悟了"学而时习之"这种主动学习的创意过程，难道不觉得真的很愉悦吗？很多东西跟书上的道理印证相通了，自然有一种充满法喜的感觉。如此一来，"学而时习之，不亦说乎"，怎能不唤起我们的共鸣？

有朋自远方来

有朋自远方来，不亦乐乎？人不知而不愠（yùn），不亦君子乎？

——《学而篇》（1.1）

白话试译

有远道而来求教的人，带着他们各自的问题和经验来切磋交流，不也是一件快乐的事吗？当受教的人没有听懂时，你也不生气，不也是君子的风度吗？

讲评

《论语》开篇这些问题式的话语，目的就是刺激我们思考自己有没有相同的经验。"有朋自远方来，不亦乐乎"，这句话也是有专属意义的。注意，《学而篇》开篇三个问题并不是东讲一句，西讲一句，这三句是连贯的。但是如果把第一句解释成"学东西要时常记得去温习它，那不是很高兴吗？"我们现在就不能同意了。第二句是说"有朋友不远千里而来拜访你，那不是很快乐吗？"现在想想看，这种解释也不一定对，有时候不速之客跑来了要见你，或者你讨厌的人来了，就不一定"乐乎"了。为什么前面谈"学而时习之"，后面接着谈"有朋自远方来"呢？然后又说"人不知而不愠"呢？

首先，"愠"跟"乐"不同，"愠"是憋在心里头不痛快，不一定讲出来，只是表面看上去脸色不太好；其次，"乐"跟"悦"也不同，"乐"是笑逐颜开，流于表面，而"悦"是发自内心的喜悦。"人不知而不愠"，过去传统的解释一般为：别人不了解我有真才实学，我也不要不高兴，这不就是君子吗？这样一来，就把这三句话给讲成了三件事情，其实它们根本就是连成一体、不可分割的。我们在学《易经》时也有这样的情况，所谓的"潜龙勿用"、"遁世无闷"就是如此，《论语》里也有这样的主张，不必在乎别人肯定，也不必在乎别人是否了解我，自信就可以了。这当然也是作为一个知识分子很重要的操守。这种思维在《论语》中，甚至在《易传》中都有歌颂。但是，这里的意思不是如此，否则，孔老夫子的讲话就变成东一句、西一句，前面说要学习，并要与时俱进地实践印证，很高兴；接着又说有朋友来拜访我们，很快乐；最后说别人不理解我，我也不生气。这三句话这样解释的话，唯一的共通性就是"悦、乐、不愠"，只说明其情绪的中正和平。这样的解释显然不对，失去了孔子的微言大义。

其实这一章讲的就是教和学，即学不厌，教不倦。教不倦就是孔子说的"诲人不倦"，这是孔子在现身说法，"教"也是学习中必要的一环，教学相长，在《礼记》中称为"学学半"。如果你只是在台下被动地学习，不到台上讲一讲或者在实践中印证，那么你只完成了学习的一半，不会对所学的东西真正领悟。俗话说："台上三分钟，台下十年功。"说的就是只有上台，才会逼着你真懂，才能把所学的知识融会贯通。所以，人生中的学习，除了学，还得教，学和教各占一半。教也是一种学习，"人不知而不愠，不亦君子乎"就是在讲教。"有朋自远方来，不亦乐乎"，是指朋友不远千里而来跟你请教，也是教。大概是孔子的名声太大，各国的英才都跑来向他请教，所以他有三千弟子。孟子曾说："得天下之英才而教之，一乐也。"教与学是一个整体，越教越明白，越明白就越教得好。教的同时也在学，学生和老师都有所得。

所以，"学而时习之"指的是在不断地进步，因为生活中不断有活的题材让你去印证、思考；"不亦说乎"，学得不错了，马上就"有朋自远方来"向你请教，可以影响更多的人。很多学生慕名远来求教，就算再远，他都有求道之诚，这就是"有朋"。同门曰朋，同道曰友，并不是泛指一般的朋友关系。"有朋自远方来，不亦乐乎？"意思就是，远道而来求教的学生，带着各自的问题和经验，大家互相印证、切磋交流，这是一件非常快乐的事情。但是这些请教的人，你一跟他讲，他能马上能领会吗？不一定。要知道，你自己花了差不多一辈子的工夫才把一些道理搞懂，然后才学有所成，吸引很多人来向你请教。当你把一生的心得教给远道而来的求教者的时候，不可能期待他一下子就领悟，除非他的根器非常好，冰雪聪明，像禅宗六祖惠能那样一点就透。但是大部分人是懵懵懂懂，又不好意思明说的。如果经过几番讲解，发现他不懂，你就生气了，肯定不行。所以，要做到"人不知而不愠"，学生不懂的时候能平心静气，并循循善诱，这才是一个好老师、一个君子应该有的操守。学生"不知"是正常的，绝大部分人不会一下子就把你研究了大半辈子的学问搞懂，就像我们常说的读《易经》，八岁要读，八十岁还要再读。人群中，十有八九是没有读懂的，所以要反反复复读，不能求速成。

可见，《论语》开篇这三句话是在讲"学不厌，教不倦"。这一章看似很简单，但是很多人还是把它理解成独立的三件事，第三句还误解了。其实"学而时习之，不亦说乎？有朋自远方来，不亦乐乎？人不知而不愠，不亦君子乎"这三句话是贯通一体的。

附：颜回其人

颜回（公元前521～公元前481年），曹姓，颜氏，字子渊，名回。春秋末鲁国人，生于鲁昭公二十九年（公元前521年），卒于鲁哀公十三年（公元前482年），享年39岁，比孔子小三十岁。

《孔子圣迹图·尼山致祷》

　　鲁国邹邑大夫叔梁纥与夫人颜征在到尼山祈祷山神赐予儿子，第二年孔子出生。因孔子顶如反盂，宛若尼丘山，故取名孔丘；因排行第二，取字仲尼。

在孔门诸弟子中，孔子对他称赞最多，不仅赞其"好学"，而且还以"仁人"相许。历代文人学士对他也无不推尊有加，宋明儒者更好"寻孔、颜乐处"。

颜回是孔子最得意弟子，为孔门十哲，列名德行科第一。其一生贫困，但自得其乐，《论语·雍也篇》孔子说："一箪食，一瓢饮，在陋巷，人不堪其忧，回也不改其乐。"其为人谦逊好学，孔子称其"不迁怒，不贰过"、"贤哉回也"、"回也，其心三月不违仁"。颜回素以德行著称，一生没有做过官，也没有留下传世之作，只有只言片语留在《论语》、《孔子家语》等书中。

颜回字子渊，按照《说文解字》的说法，"渊，回水也"，以及《易经·乾卦》第四爻称"或跃在渊"，"回"与"渊"互训，意思是"回水"。其名和字寄寓了激流勇进的处世态度，也反映了当时动荡不安的社会现实。

颜回以舜为志。孟子曰："舜何人也，予何人也；有为者亦若是！"显然，孟子以颜回与舜、稷"同道"。当孔子要他和子路"各言尔志"时，颜回以"愿无伐善，无施劳"相答。这是内修己德、外施爱民之政，这与舜之"无为而治"相仿佛。由此可见，颜回在政治志向上有淑世济人的情怀，颇具早期儒家精神。

颜回一生，大多追随孔子奔走于六国，归鲁后亦未入仕，而是穷居陋巷。在那个天下大乱、礼崩乐坏的时代，儒家的学说被斥为愚儒、讥为矫饰，颜回就只能终生不仕，自勉自慰。孔子赞云："用之则行，舍之则藏，惟我与尔有是夫！"颜回穷困且自得其乐的精神，与孔子"饭疏食饮水，曲肱而枕之，乐亦在其中"实同一旨趣。

颜回所处的时代，已是春秋末期，周天子的王权衰落，诸侯国公室衰落，由春秋初期的"礼乐征伐自诸侯出"进而变为"礼乐征伐自大夫出"、"陪臣执国命"。"陪臣",即臣之臣,如诸侯国的卿大夫对诸侯称臣,对天子则自称"陪臣";卿大夫的家臣对诸侯而言也称"陪臣"。春秋时鲁国经"三桓专权"、"陪臣执国命"两个时期后,不仅使官室衰败,旧日的贵族世家也大都衰落。鲁国的颜氏家族到颜路、颜回父子时,除了保有祖传的贵族身份及颜路的鲁

颜回字子渊鲁人赠

兖公

卿大夫头衔外,便只有陋巷简朴的住宅及几十亩薄田,些许田产难以维持一个贵族家庭的生计,颜回父子不得不省去作为贵族家庭的一般性开支,简居于陋巷。

颜回"年十三,入孔子之门"时,在弟子中年龄最小,性格又内向,沉默寡言,才智较少外露,有人便觉得他有些愚。颜回的忠厚与内向,掩盖了他的聪颖善思,就连孔子一时也难以断定其天资究竟属于哪个层次。经过一段时间的深入观察,孔子才指出颜回并不愚,《论语·为政》记载,子曰:"吾与回言终日,不违,如愚。退而省其私,亦足以发,回也不愚。"能言善辩的子贡也坦率地说不敢与颜回相比,他对孔子说:"回也闻一以知十,赐也闻一以知二。"孔子深有同感:"弗如也,吾与女(汝)弗如也。"

颜回在其人生的第一阶段,十三岁入孔门,用了大约六年的时间,其学业基本已成。在其人生的第二个阶段,约十四年的时间是随孔子周游列国。颜回随孔子遭遇匡地之困,在陈、蔡期间

绝粮七天。鲁哀公十一年（公元前484年），颜回三十八岁，孔子六十八岁，季康子派使臣到卫国来迎接孔子一行归国。从此颜回结束了跟随孔子长达十四年的列国周游。

颜回重归鲁国，已年近不惑，其故居陋巷依旧，父母均已年迈，家庭重担落在他的肩上，这就使颜回不得不以讲学维持家计。颜回作为孔门弟子之冠，当时欲求其为师的人也不在少数。颜回除讲学外，便是帮助孔子整理古代典籍。特别是《易经》，颜回是主要整理人之一。在整理过程中，颜回呕心沥血，以致劳累而死。

颜回通过自己讲学授徒，传授儒学六经，协助孔子整理古代典籍，逐渐扩大了自己的影响，形成了儒家的一个宗派——颜氏之儒。《韩非子·显学》指出：自孔子死后，儒分八派，"颜氏之儒"是其中的一派。

颜回有望继承孔子道统，但不幸早死。公元前481年，颜回先孔子而去世。孔子对他的早逝感到极为悲痛，哀叹说："噫！天丧予！天丧予！"自汉代起，颜回被列为七十二贤之首，有时祭孔独以颜回配享，后世尊其为"复圣"。

第二章

追求、享受学习的快乐

我们前面讲了《学而篇》第一章，从教到学，从学到教，讲得很系统。其中有个核心的观念就是"教学相长"，老师和学生彼此都在成长，因此变成了一件非常愉快的事情。同时，还不能脱离实际，要活学活用，"学"要做到不落空而能"时习之"，做到这些，那真的会产生发自内心的喜悦。和"学而时习之"一样，"有朋自远方来"也是《易经》中兑卦的意涵，兑卦《大象传》说"君子以朋友讲习"，不就是"有朋自远方来"吗？

可见，《四书》跟《五经》是息息相通的。我们学习经典，一定要知道它的来历，明白它到底是在讲什么。孔子之所以被尊为"万世师表"，说明人们完全可以像他说的那样去追求、享受人生学习的快乐。而所谓的"不知老之将至"，就是一种学不厌、教不倦的创造性的学习境界。在孔子看来，这种快乐人人都可以体会得到，所以他才把这一经验很自然、很朴素地讲出来，希望我们也能做到"学而时习之，不亦说乎"。"说"作说话的"说"

解时，也是《易经》中兑卦的概念，兑卦（☱）上下卦的阴爻就是张开嘴巴说，是讲经说法的象。什么样的人才有资格讲呢？按照《易经》的卦序，在讲之前必须要下很深的功夫，那就是兑卦前面的巽卦（☴），先要深入学习，等到学有所成，才有资格讲学。刚开始只是跟少数人论道，切磋琢磨，然后慢慢有信心了，才可以广为传道，影响也才能无远弗届，那就是兑卦后面的涣卦（䷺）的意涵，传播文化的象。由开始深入学习的巽卦，到自己有心得，跟少数人交流，然后得到大家认可，再给更多的人传道，影响力就开始"涣"，能扩散到更远的地方。这当然就是"有朋自远方来"，很多自己无法解惑的人就要向明白人学习，即使不远千里，也要登门求教，就像《易经》蒙卦（䷃）的卦辞一样，"匪（非）我求童蒙，童蒙求我"，有困惑的人当然要不远千里而来了。

蒙卦中谈到，就算你把某一个道理讲了，有很多人不见得马上就能懂，所以教育要以"包蒙"为主，要包容人家的蒙昧无知，因为学懂、学通一个道理不是那么容易的事。学习者一时不了解、不明白，你也不能不高兴、不痛快，要包容，有教无类、循循善诱是一种教学的风度，何况人家有那么高的热忱，千里求道，不能轻易"击蒙"。也就是说，一个当老师的必须做好个人的情绪管理，要做到"人不知而不愠"，这才是君子。

关于"有朋自远方来"，《易经》里面也有很多关于"朋"的概念。人怎么做才会有好朋友呢？要包容，也就是坤卦（☷）的"厚德载物"，其卦辞称"西南得朋，东北丧朋"。如果一个人很严厉，动不动就发脾气，就会"丧朋"。《易经》中复卦（䷗）、解卦（䷧）等就讲到"朋至"、"朋来"，不就是"有朋自远方来"吗？人生的教学互动是非常难得的交流，学问、学问，就是用一种健康的、愉悦的态度去面对人生无止境的学习。学了之后，自己觉悟了，再去引导别人觉悟，先知觉后知，先觉觉后觉，学与教，就是这样的一个过程。讲经论道最怕支离破碎，讲得不完整，扭曲原典，像我们说外语，有时没有精通一门语言，说什么都是不典雅或者不完整、不自然的，日常生活中去买买菜还勉强凑合。如果要想深入那个地方的文化，用外语表达就有困难了，那就需要下功夫系统地学习这门语言。

"子曰"与"弟子曰"

《论语》中有一个比较特殊的地方，在《学而篇》就开始出现。我们都知道，"子曰"代表孔子的话，也就是"老师说"，老师讲的话在《论语》中当然占多数，但是《论语》中也有一些孔门弟子的话被再传弟子给记下来了。像《学而篇》第二章就不是孔子讲的，而是有若讲的，称"有子曰"，译成白话就是"有老师说"。然后第三章又变成孔子讲的一句话——"巧言令色，鲜矣仁"，第四章则变成曾子讲的了。有子和曾子在《学而篇》中出现的频率不低，这种现象在过去已有定论，"子曰"是孔子的专称，"子"是尊称，也是老师的意思，其他那些孔门弟子，包括颜回、子路说的话，绝大部分直呼其名，没有称"子"，也就是不称老师的。为什么曾参和有若被称为"曾子"、"有子"呢？原因很简单，《论语》在编撰的时候，曾参和有若的徒子、徒孙在数量和质量上占优势，是他们为老师抢到了"麦克风"，掌握了话语权，所以他们在编辑《论语》时，有意识地把自己的老师放在最前面，称呼老师的时候也是姓氏再加上尊称"子"。也就是说，孔子之后，弟子一分为八，各个派别都有一批追随者。祖师不在了，老师也不在了，门下的弟子就会尽力去捧各自的老师，不管老师讲得好不好都想摆在最前面，曾参和有若比较幸运，他们的学生为其抢到了最佳出场顺序。

这样一来，《学而篇》共有十六章，其中"子曰"只有八章，另外就让他的一些大弟子给分占了。那些弟子的学生整理的时候，既然是徒孙，就称他们的老师为"子"。曾子的学生，录曾子的言论；有子的学生，录有子的言论，他们在编撰《论语》的时候都想尽量凸显自己的老师。所以，"有老师"和"曾老师"才有幸进入排行榜，至于《学而篇》里面的子夏就没有那么幸运了，子夏没有被称为"子"，还有子贡也是同等待遇。只有曾参和有若被称为"子"，这显然是他们的学生所为，知道这样肯定会流传千古，他们学派的影响也会比较大。既然如此，两位孔门弟子一定要写在最前头，但是绝对不可能抢第一的，第一当然是祖师爷"子曰：学而时习之……"，第二就是"有子曰"，可见他的势力比曾参更大；然后再插一个"子曰"，接着就是"曾子曰"，可见曾子是孔门的第二大派系。

《学而篇》十六章，孔子占一半，有子三章，曾子两章，然后就是不称"子"的子夏一章、子贡两章。因为篇幅有限，大家要抢排行榜，尤其是有若。可见，孔子生前实力太强大，他一去世，师兄弟之间彼此不服气。《韩非子》中就讲，儒家、墨家在先秦时属于显学，但是等到大宗师过世，教主没了，底下没有一个人能够服众，所以很快就分裂，像儒家就分为八派，墨家也分为好几派。这几乎是一种宿命，一般来说，开创者的实力太强，就难免后继无人，师兄弟之间互不服气，继任的教主很难控制局面。当然，这也不一定是坏事，既然没有人能够再扮演祖师爷的角色，分裂的好处就是学说的影响可以扩散，这也就是《易经》里讲的涣卦的意涵。弟子们可以遍布四方，处处开花，每个人都能独当一面，影响力就可以向外辐射。假定真有一个能够服众的可以继任山长，内部又有很多是非的话，反而只能局限于原来的那个道场。

所以，对此我们要想开点，平辈、师兄弟之间要你服我、我服你，似乎有点强人所难。等到他们自己也教书了，开始有自己的学生的时候，学生就会来捧他们自己的老师，希望能压倒师叔、师伯，这是人之常情，《论语》尚且如此，遑论其他！

曾子的影响大，后世记得他的人有很多，有若的影响也很大，但是如果没有《论语》的话，谁会记得他呢？可见这种影响很有意思，一般人对有若并不怎么熟悉，他真的是沾了《论语》的光，读《论语》开篇的第二章就会碰到有若。读者肯定会奇怪：有若是谁啊？据《史记》记载，孔子过世以后，很多有若的弟子，包括他的师兄弟曾想要把他抬出来当教主，之所以这样做，可能还不完全因为有若学识不错、弟子很多、人缘很好，还因为他长得有点像孔子。孔子的弟子们很怀念老师，而有若师兄跟老师长得超像，所以有若占了各方面的便宜。当时还真的这么做了，虽然也有一些同学心里不服气，大家开会以后也做了暂时的妥协。不过，好景不长，有若这个宝座没多久就坐不下去了，他毕竟比孔子差太多，威望不足。大家实在没有办法再统合，最后干脆各走各的路。有若留下来的东西并不多，只是因为曾有一段时间大家想让他来接班，后来发现强求不得，没过多久又放弃了这个统合的想法。就像禅宗五祖弘忍虽然传衣钵给六祖惠能，但禅宗最后还是分成了北宗（以神秀为首）、南宗（以惠能为首）。可见这是很普遍的问题。

有关孔子学生的论说，后面我们会集中详细介绍，到时候我们尽可能把与他们相关的东西串起来，再补充一些基本的史实资料。

《孔子圣迹图·麒麟玉书》

　　孔子出生前，一头麒麟降落在他家的院子里。麒麟口吐玉书，上面写着"水精子，继衰周而为素王"十个字。颜征在感到很惊异，就把做衣服用的绣着花边的布条系在麒麟的角上。第二天，麒麟离去。

巧言令色，鲜矣仁

子曰："巧言令色，鲜（xiǎn）矣仁。"

——《学而篇》（1.3）

白话试译

孔子说："说话动听，表情讨人欢喜，这种人很少有真诚实在的心意。"

讲评

这是《学而篇》第三章，这句话很有名，当然也与它排在《论语》前面的章节有关，以致大家印象深刻。为什么大家要抢在《论语》第一篇之中列出？就是因为排在前面读者印象才会更深刻，有些人学习是很认真，学得也持久，会通篇读完《论语》，而有些人则容易半途而废，但是再怎么样，《论语》前面的篇章他还是读到了。所以排在前面的不一定是最好的，但一定是最有效的，最易让人记住的。我们看，孔老夫子这句话就是在有若与曾参之间作为插件，免得人家说不尊师。

"巧言令色，鲜矣仁"，"鲜"是很少的意思，意思是说，巧言令色的人没有多少爱心，没有多少真实的情感，没有多少富有核心创造力的"仁"。人与人之间，二人偶，为"仁"。"巧言令色"完全是表面功夫，说话好听，表情热络，满脸堆笑。我们知道，"令"是美好的意思，"巧"是很会讲话，巧舌如簧。其实这也是《易经》兑卦的一种表现，会说话，说得人高兴，能扣人心弦，可是心不一定是真诚的。我们如果要长期做一些建设，就要有真才实学的、真心诚意的、有核心创造力的人，光是外表的华丽虚浮不会持久。换句话说，"巧言令色"就如《易经》中的贲卦（䷕），装饰华丽，要还原真实面目，就像剥卦（☶）一样剥去层层铅华，才能看到复卦（☷）的天地之心。所以，要存诚务实，不能本末倒置，不可以包装过度。人的包装就是显现在外面的一切，包括色相、容颜、言辞，有的人善于做表面功夫，这样的人自古就很多。孔子是山东人，讲究实在，讨厌"巧言令色"之人。当然，不是说会说话的、表情讨人欢喜的人，全没有仁德仁心，而是说很少有。如果一个人大多数功夫都用于外在，致力于取悦人，哗众取宠，内心的修为通常就不够踏实，很少能具有真诚实在的心意。不过，也有人外表功夫一流，内心也是很真实的。所以孔子用的是"鲜"而不是"无"，意思是很少，很不容易。总的来说，务外比较容易失内。

事实也确实是这样，巧言令色的人，可以在社会中产生一定的效应，但是这种效应轻浮，容易误导人群。如果在朝，有时候会乱政，使整个政治团体充满浮华的气息，经不起考验。其实，这几年台湾对风行十几年的"名嘴"文化就有所反省，我们不能说"名嘴"都"鲜矣仁"，但是真能"仁"的很少。说起话来滑溜溜，在实际做人行事时，一旦涉及公共福利，就常常乱政。尤其是有些领导人爱听"巧言"，爱看"令色"，不希望听真话，那就更容易出问题。在《尚书·虞书·皋陶谟》中就讲到"巧言令色"，还举了一个乱政小人的例子："安民则惠，黎民怀之。能哲而惠，何忧乎驩兜？何迁乎有苗？何畏乎巧言令色孔壬？"

关于"鲜矣仁"，明朝注解《易经》的大学者来知德，其字就叫"矣鲜"，直接从《论语》这一句话取字，名和字形成明显的呼应。

不患人之不己知

子曰:"不患人之不己知,患不知人也。"

——《学而篇》(1.16)

白话试译

孔子说:"我们不要担心别人不真正了解我们,你需要担心的是不真正了解别人。"

讲评

再看《学而篇》的最后一章。"不己知"是"不知己"的倒装句。我们常常想要追求知己,希望相识满天下,到头来知己也没有几个;尤其是当你的境界高了的时候,别人要真正了解你就变得更加困难。像佛教中,众生很难了解罗汉,罗汉无法了解菩萨,菩萨要了解佛也是千难万难。因此,释迦牟尼佛在《法华经》中发出感慨,没有人了解自己。就是修到菩萨、罗汉境界的,其智慧都没有办法了解佛。可见,这没有什么好奇怪的,境界高了,有人来向你请教,你回答的时候,他当时听不懂是很自然的事,没有什么可不快乐的。

孔子这句话的意思是:不要担心别人不了解我们,需要担心的是我们不了解别人。这是一个基本的立身精神。知人论事很重要,现在不是还有专门识人学吗?人,形形色色,知人知面不知心,太难了解了。不是有句话说,女人心,海底针吗?可见,了解人有多难了。有时候,交往或共同生活了几十年的朋友、爱人,有一天会突然发现:原来他是这个样子!所以人与人之间要相互了解太难,因为有太多的伪装,我们在社会上与人相处,看人要尽可能深刻、准确,不然的话,一旦委之非人,那就糟了。人事、人事，不怕没好事，就怕没好人。不好的事情只要人好，都不会差到哪里去；再好的事情如果不是好人经办，好事情也会给他败坏掉。《易经·乾卦·文言传》中针对乾卦"潜龙勿用"就说"不见是而无闷"，就是如此。

敏于事而慎于言

子曰："君子食无求饱，居无求安，敏于事而慎于言，就有道而正焉。可谓好学也已。"

——《学而篇》（1.14）

白话试译

孔子说："一个君子，饮食上不求饱足华美，居住不求安逸舒适，对待事物敏锐知机而能说话谨慎，永远主动地向大德高手请教指正自己。这就可以称得上是好学的人了。

讲评

这一章是《学而篇》第十四章，夹在"有子曰"与"子贡曰"中间，是孔子的另一段话。

"无求"，不假外求，人到无求品自高，就像打麻将完全靠自摸。佛教八苦之"求不得苦"，求，太苦也！孔子说，作为一个君子应该"食无求饱，居无求安"，并且要"敏于事而慎于言"。"慎于言"比较好理解，讲话要审慎，尤其是公众人物，有些台面上的人物，常常是多言贾祸，讲话不恰当，容易造成坏的影响。

真心为"慎"，所谓的审慎不是过分小心，也不是保守，只要你真心想爱护一个人，自然就会审慎，不会随意乱讲话，以至于让被爱的对象受到伤害。如果真的了解人生，那就需要审慎，绝不能大而化之。

"就有道而正焉","就"是迁就,移樽就教。佛教讲要亲近"善知识"(梵语,意思是正直而有德行,能教导正道之人),就是"就有道",如果他是有道之士,我们就可以以他为榜样来纠正自己的行为和观念,即"就有道而正焉"。这与《易经》蒙卦中的"童蒙求我"一样,一定要找真正的有道之士,只有他们才能"正"我们。

"可谓好学也已",这就是孔老夫子所认为的"好学"。这个"学"不一定是去学很多的理论和专业知识。儒家确实很重视知行合一,"好学"所讲的都是实际行为,都是做事,这才是最真实的人生。对于"学而时习之,不亦说乎",朱熹注云:"学之为言效也。人性皆善,而觉有先后,后觉者必效先觉之所为,乃可以明善而复其初也。习,鸟数飞也。学之不已,如鸟数飞也。说,喜意也。既学而又时时习之,则所学者熟,而中心喜说,其进自不能已矣。"学习的"学",觉悟的"觉",效法的"效",是朱熹所注重的。朱熹认为要学那些过来人的经验,要从好老师那里学,即"效"。"觉"就是人与生俱来的良知、良能要开导出来,那才是透彻的学习。但孔子主张的这种"学"的精神,没有讲什么空洞理论,也没说你必须得去读尽天下书,而是学习怎么做人,掌握生活的智慧。

本则前面讲的是一般生活中的食与住,基本上满足就可以了,不要太刻意讲究。如果刻意讲究衣食住行,哪还有时间去认真地学习求道呢?对于"食无求饱,居无求安",要注意的是,不要误解,人的一日三餐还是要吃的,如果要挨饿才能显示学习精神,大家都去学颜回,很多人可能就要打退堂鼓了。"饱"不是我们通常说的吃够、吃饱,而是"饱足",是指人刻意要求吃的品质。

如什么地方有特别好吃的，尽量求其华美，以饱口腹之欲，那才叫"求饱"。孔子的意思是，人不要刻意追求吃得好，如果哪一餐很不错，有人请客，你也可以尽量吃，不是说故意不吃饱，或者故意不吃好的。有好吃的也吃，有美味也尽可以品尝，但是不要刻意去追求，因为我的用心不在这里，我是要谋道而不是谋食。谋食没有止境，如果组织一个饕餮团，专门找好吃的，把人生的很多心思浪费在这上面会很可惜。有什么吃什么，最好。"居无求安"，是指不一定要求住豪宅，有什么住什么即可。如果"食求饱，居求安"，人一辈子就会陷入无止境的物质逸乐。所以孔子提示我们对物质的要求完全可以看得很淡，即不要刻意排斥，也不用故意去追求，因为求一定有求而不得之苦，需要花太多的心力。的确如此，人一旦在饮食起居上做到了"无求"，就会省下很多心，主动去"就有道而正焉"，这就能称得上是"好学"了。

然后是"慎于言"。慎言，这个很简单，很多人都有这种习气，口很顺溜，一下子就会说错话，一下子就得罪人，所以这一点值得一提再提，因为这是人最容易犯的毛病。我们讲《易经》中的兑卦（☱），其卦象也是一张口在上大开，结果病从口入，祸从口出。《易经》中的颐卦（☲）则不同，一个有修养的人，养生有素、养心有素，就如《大象传》所说："君子以慎言语，节饮食。"

什么叫"敏于事"呢？我们看很多的解释说是，做事很快，很敏捷，这就错了。这里说的不是敏捷，而是敏感，是指对事情的感觉要敏锐，要深入分析，而不是手脚敏捷，那种敏捷很可能会出错。"敏"就是《易经》中所说的"知机应变"，对一件事情的判断力能像坤卦第一爻所说的"履霜"就"坚冰至"，也就是所谓的见微知著，不轻举妄动，那才是"敏"。比较迟钝的人眼看事情就要爆发了，他才意识到："哦，原来是这样！"这就很不

"敏"。"敏"追求的是掌握先机,因为任何事情都有征兆,但很多时候征兆并不明显,大部分人是迟钝的、麻木的,不爱惜、不关心别人,不关心周遭的一切,看到也跟没看到一样,就是没有用心,不具备"仁"所昭示的核心创造力。一定要等到事情败坏到不可收拾的时候,才后知后觉。这不是"好学",而是没学好、没学通。我们做事情一定要防微杜渐,预测、判断都很准确,当机立断,该出手时就出手,那才称得上"敏于事"。遇事知机应变,眼光敏锐、犀利,用《易经·系辞传》中的话讲就是"寂然不动,感而遂通天下之故"、"不疾而速,不行而至"。一个人如果掌握了这种功夫,做事情就能掌握先机,及早趋吉避凶。"介石知机"也是一样,是指平常不动声色,细心观察,时机一来,他抓得比谁都快。

"好学"的人,会越来越敏锐,感应力越来越强。如果你一天到晚把心思都用在吃好、住好等享乐上,对事物本质的感觉很可能会迟钝。"君子食无求饱",那个"无"其实就是"潜龙勿用"的"勿",指的是不要刻意去求。"敏于事而慎于言",尽量把功夫和心思都用在能力的训练和培养上。另外,"敏于事"的同时还要能"慎于言","而"不是"能"的意思吗?既然已经看准机会了,嘴巴怎么可以乱讲呢?那不是制造竞争者吗?所以一定要谨言慎行,尽管你已经开始布局,还是要保密,没成功以前,有些话不能乱讲。

"就有道而正焉"也是精益求精,永远要向那些前辈、善知识、佛菩萨、圣贤请教,让他们来"正"我们。《易经》中蒙卦(䷃)中的"正"字特别重要,"以正法"、"以养正",这才叫"好学"。不负责任的翻译,常常把"敏"字解释成字面的意思,认为是敏捷,做事勤快,完全不是那么回事。

道千乘之国

子曰："道（通'导'）千乘之国，敬事而信，节用而爱人，使民以时。"

——《学而篇》（1.5）

孔子说："治理一千辆兵车的国家，认真做事能够立信守信，节俭用度并爱护众人，选择适当的时候征用百姓服劳役。"

讲评

"道千乘之国"，"道"为导，治理的意思。"千乘之国"，这是根据春秋末年的社会背景而言，因为那时以车战为主，形容国力就用车有多少"乘"来表达，就像现在用航母来表示一个国家的国力与军力一样。"千乘之国"在春秋时期算是大国了，这里的意思是说治理一个有千辆兵车的大国，怎样做才能引导这个国家的政治进入正轨，为民谋福呢？下面就是孔子的政治思想，也就是其政治心法。

"敬事而信，节用而爱人，使民以时。"孔子指点给我们的这三点，看上去很平常，跟《易经》的第六十卦节卦（☵）《象传》的观念"节以制度，不伤财，不害民"一样，但这却是一个伟大的政治理念，后世的很多国君都没能做到。

"敬事而信"，"敬"就是敬业，敬慎不败，"敬事"就是做事情要认真，要全力以赴，不能有所保留。"而信"即"能信"，治理国家立信非常重要，要是没有了信用，想要指挥、调度下面的人办事就很难了，也就是说，政策不能朝令夕改，当政者不能说话不算数。有些领导人当大选前为了拉选票，给选民许下很多美

二龙五老
东鲁孔子二十二
年十一月庚子
孔子诞生之辰
有二龙绕室五
老降庭

《孔子圣迹图·二龙五老》

　　传说孔子出生的那天早晨,有两条龙在他出生的房子上空盘旋起舞,有五位仙人降到庭院里。

好的承诺，一旦上台就干脆不提，或者将原来的承诺东改西改，完全变了味道。对这样的执政者，人民肯定是非常不满，这就是"不信"。如今有些国家的很多施政纲领之所以饱受批评，就是因为"不信"，没有定力，既要迎合这个，又要迎合那个，最后出来的四不像，原来的精神不见了。这种"不信"，也就代表不敬事。

"敬事而信"是立国之本。当年商鞅在秦国变法之初，就曾"徙木立信"，弄了根三丈高的木头立于国都南门，并承诺能将此木头搬到北门者赏赐十金，大家都觉得不太可能，没人动。于是他紧接着说，谁搬赏赐五十金！这时开始有人干了，结果，他按承诺付给了赏金，"以明不欺"（《史记·商君列传》）。可见，执政者遵守承诺很重要，不能立了规矩又随随便便破坏，那肯定会失信于民。

"节用而爱人"，节俭和吝啬不同，吝啬是小气得要命，当用而不用；节俭是该花的要花，不该花的绝不花，合乎节度，恰到好处，不挥霍浪费。"节用而爱人"，依然是仁心、仁政思想。如果不节用，国家用度不够，就得征税，横征暴敛让百姓不堪重负，那还能叫"爱人"吗？《易经》节卦《象传》最后提出的"不伤财，不害民"就是"节"。

另外还有一个说法也供大家参考。"人"与"民"的所指可能不同，不然孔子就不会用两个字。"人"是指官吏，有位者；"民"是指老百姓。大大小小的有公职的官吏统称"人"，"节用而爱人"的"人"是指这些人；一般的平民，则是"使民以时"的"民"。《尚书》时代的"人"就专指当官的人，"民"才是基层百姓。除了《尚书》，还有一些经典也是把"人"与"民"分开的，不像我们现在这样混用。古代社会要求先把管理阶层，也就是公务员系统整治好，然后再通过他们的力量去安民。可见，"人"与"民"

是有区别的。"人"指的是官，而且《尚书》中的"百姓"就是指百官，因为一般的老百姓有时连姓氏都没有，女人就更没有了。

"使民以时"是说在当时的农业社会，政府需要百姓用服劳役的方式来完成国家的基础建设。那么，服劳役绝对不能在农忙的时候进行，不能耽误百姓的主业。"时"就是适当的时候，也是"学而时习之"的"时"，这也是孔子思想的核心，所以孟子称孔子为"圣之时者也"。孔子不同于伯夷、叔齐的清高，也不同于柳下惠的随和，他是最能把握时机、时势的人。任何事物都有"时"，在农耕最忙的季节征调民力会耽误生产，影响收成。所以，使用民力必须小心，不然会招致民怨。当然，国家也可以硬来，"民"也会配合，但那样的话他们心里一定不痛快，矛盾积累久了，就会官逼民反，历史上很多农民起义都是因此而发。

行有余力，则以学文

子曰："弟子入则孝，出则弟（通'悌'），谨而信，泛爱众而亲仁。行有余力，则以学文。"

——《学而篇》（1.6）

白话试译

孔子说："后生在家要孝顺父母，出外要恭敬朋友，行为谨慎说话能够守信，广泛关爱众人并且去亲近仁德之人和善知识。以上那这都做得不错了，就可以开始去学习经纶天地的学问。"

讲评

这一章还是"子曰"，是孔子的教育思想。

"弟子"，可以是学生，也可以是为人弟、为人子。"入则孝，出则弟"，"弟"同"悌"，兄友弟恭，尊奉兄长曰"悌"，是对平辈而言。"孝"当然是指孝顺父母以及长辈，"孝"字下面就是儿子的"子"，上面是老人的"老"一部分。"弟子入则孝，出则弟"，是讲在家里要孝顺父母，出门交朋友，也要有该有的恭敬。"入则孝，出则弟"，是一种人伦关系的展开，也是最起码的做人的伦理道德标准。人生无非就是出入，到什么样的环境里就要做符合什么环境的事。

"谨而信"，"谨"即严谨，跟前面的"敬事而信"一样，都有个"信"字，立信为人生之本。《易经·乾卦·文言传》说："庸言之信，庸行之谨，闲邪存其诚，善世而不伐，德博而化。"说的就是平常说话要守信、谨慎，人言为信，诚信第一，不要狂言乱语，那不是好后生的样子。

"泛爱众而亲仁"，"泛"是广泛的意思，要广结善缘，"泛爱众"是指交往要广，对众生要存有爱心，不能只关怀一部分人。"而亲仁"的"亲"就是亲近，要亲近"善知识"，亲近有仁德的人。众生不一定都有很好的仁德，可是要爱护他们、照顾他们，同时还要"亲仁"，即"就有道而正焉"。人伦和人际网络的展开，基本上都要掌握这一原则，不能只是"泛爱众"，还要注意"亲仁"，找到榜样和典范，那样你才能进步得快。可是也不能只是"亲仁"，而完全忘了"泛爱众"，要上下兼顾。《易经》乾卦的第二爻《小象传》称："见龙在田，德施普也。"所谓的"德施普"就是如此，因为"见龙"下面要照顾初爻的"潜龙"，就是"泛爱众"；上面还要回应五爻的"飞龙"，要"利见大人"，就是"亲仁"。"泛爱众"和"亲仁"统统都做到了，就算没有一百分，七八十分总有吧。

"行有余力，则以学文"，前面都是实践，没有要求去学什么东西，但是这本身就是好学。前面这些都做到了，跨过这个门槛之后，"则以学文"，就可以开始学更高深的"文"了。对"谨而信，泛爱众而亲仁"一句，很多解释是错的。至于后面的"行有余力，则以学文"又犯了同样的错误。把这句话当成是：前面的都做完了，如果还有多余的时间，再来学学文。这就把"文"的含义扭曲了，认为前面那些东西是最重要的，入孝、出悌、谨信、泛爱众、亲仁都做到了，如果还有余力，不妨再学一点文吧！"文"就变得可有可无了，似乎不学文也没有关系。这显然是把"文"看低了。学过《易经》的人可能就比较清楚，"文"是最高深的学问，文明、文化、天文、人文，都是"文"，绝不只是所谓的《诗》、《书》、"六艺"，或者是用更狭隘的观点去看待的文章，绝不是！后世很多人根据这个错误的解释认为儒家重实践，至于经典的学习，包括其他的文饰，都可以等"行有余力"了再说，这是错误的。"学文"是进一步深造，意思是人在深造以前，前面基本的功夫都要具备，才能更上一层楼，才可以去"学文"。在这里，"文"是指管理众人之事，也就是政事，是"敏于事"，人要会做事才能叫"文"。要有手腕、有功夫，能够经营管理复杂的事务。以前我也强调过，"文"和"艺"指的都不是我们现在的意思，它们的意思很广。像乾、坤两卦的《文言传》，这里的"文"是指刚柔交错，天文、人文、文明、文化都在其中，在复杂的人间世，有很多事情要经营、管理，就要看透阴阳之间的互动，所以，"文"是关于领导统驭、管理人间世的学问。对于这种错综复杂的文明、文化、人文，要掌握它，必须有个先决条件，那就是你的基本品性不能有问题。不然你学会了这种高深的领导艺术，就会贻害众人。《易经》中贲卦（☲☶）《彖传》，就解释了"文"的内涵："分刚上而文柔……天文也。文明以止，人文也。观乎天文，以察时变；观乎人文，以化成天下。"《大象传》所谓的"明庶政"，就是行政管理。因为管理人是一门相当高深复杂的学问，很多的经典就是教我们这些，但一个人不孝、出不悌，又不"谨而信"，也不能真正"泛爱众而亲仁"的人，学到这些，一旦掌握大权，肯定祸国殃民。所以孔子在此的意思是，你想要学文，还要看老师同不同意，他是不会随便传授的，他要考核你前面那些是不是都做得不错了。如果都通过了，才属于"行有余力"之人，前面的行为标准是挑选学生的标准，是有没有资格接受继续教育的标准，就像小学考试通过了，你才可以去上中学、大学。小学没过关，让你去学更高级的东西，只会害人。可见，在古代经典中的"文"和"艺"，都不是我们现在所理解的狭义的意思。"文"是经纶天地的学问，是"时乘六龙以御天"，其中的互动关系很复杂，有刚有柔，有阴有阳，要想驾驭学习这么复杂的东西，必须具备最基本的品性。

君子不重则不威

子曰："君子不重则不威，学则不固。主忠信，无友不如己者。过则勿惮改。"

——《学而篇》（1.8）

白话试译

孔子说："君子不自重就没有威信，多方面学习就不会固陋。把忠信作为主导自己做事做人的原则，永远都可以从自己交往的朋友身上学到东西。有了过错，就勇敢地去改正。"

讲评

"不重则不威"，重即自重，不是重量，如果是重量的话岂不是说瘦子就没有威仪了，至少要九十公斤才有威仪？"威仪"是自然而然地出来的，因为自重，就不轻浮，不乱讲话，不乱做事。要赢得别人的尊重，首先要尊重自己。"威"不是严刑峻法，而是自重自然就会产生那种威仪，别人就不敢冒犯。《易经》的家人卦（☲）的第六爻爻辞称"有孚威如"；还有大有卦（☲）的第五爻讲信修睦，爻辞称"厥孚交如，威如，吉"，说的都是这种情况。人只要不轻贱自己，威仪自然而然就会产生，在群众中就有威望，讲话自然就有力量。如果不自重，靠任何外在的修饰，威仪也很难表现出来，更别说影响人了。这种情形，我们在社会上能看到很多。

《礼记·学记》中有一句话"师严然后道尊"，"严"是严以律己，也就是自重。意思是对自己要求严格的老师说的话，才会被学生所重视。有些人真的是"望之俨然"，站在台上，不用讲话，你都知道他是可以信赖的。有些人则拼命包装自己，即使上了台，你还是会觉得他像在耍猴把戏，压不住阵脚。这一点我觉得值得一再强调，因为现在的自由、民主常常被误解、被滥用，有一些大人物，包括大官、大商人，甚至学者，常常为了表演与民同乐，在聚会的时候扮小丑，觉得这样做是在与群众拉近距离，其实完全把自己弄得威仪全无，这就是"不重"。中国的传统文化里绝对没有这一套，千万不要靠这种方式去亲民，亲民不是这种亲法，只会让人觉得不自重。

"学则不固"，指君子虽然自重但绝对不固陋，不是老顽固。《子罕篇》载："子绝四：毋意，毋必，毋固，毋我。"孔子完全没有这四种毛病。"固"是指人的想法一根筋，牢牢抓住一个东西，不懂变通。人是要坚持一些东西，但一定要懂得开阔视野、扩展胸襟，不断更新自己，活学活用，这就是"学则不固"。《礼记·学记》说"独学而无友，则孤陋而寡闻"，如果学习中缺乏朋友之间的交流切磋，就必然会导致知识面狭隘，见识短浅。所以，多学习，多与人交流，自然而然就不会固执。《易经·系辞传》说"不可为典要，唯变所适"，说的就是人要活泼灵动地学习，不能一成不变。可见，这一章还是在讨论学习。

我们先看"过则勿惮改"，人生不可能不犯错，犯了错，最重要的是不要不好意思改过，就是犯了错也要勇于面对。有的人犯错会觉得不好意思，想掩饰自己的过错，那就意味着你不会再成长了。《易经》乾卦第三爻中的"君子终日乾乾"，就是不断地改过，不断地调整。说白了，学习的过程就是一个不断犯错、不断改过的过程。可见，"过则勿惮改"，是一种谦虚的精神，真心承认是人就会犯错，但是懂得改过，如果能像颜回那样可以做到"不贰过"，那就很了不起了，一定会不断成长。学习不就是这样吗？

"主忠信"，就是以忠信作为自己做事做人的主导原则。尽己之谓忠，与朋友交之谓信。那么"无友不如己者"是什么意思呢？这又有点麻烦了，后来的解释有两种说法。一种说法是指不要交那些不如自己的朋友，因为他会拖累你，只有跟高手交朋友，彼此互相学习，你才会获得成长。也就是说，人不能取法乎下，不能和各方面都不如你的人交朋友，那样的话，将来没有任何成长学习的机会，这就叫"无友不如己者"。如果真是这样的话，大家想想看我们的社会关系会不会很奇怪？假使每一个人都本着"无友不如己者"的原则交朋友，最后你能交到什么朋友？每个人都尽量去交比自己水平高的、地位高的人，那水平低的、地位低的人说：你怎么不跟我交往？你回答：因为你不如我。那麻烦了，社会关系会因为这种典型的傲慢而变得一团糟。

那另外一种说法呢？就是这个人的很谦虚，认为所交的朋友没有不如自己的，任何朋友身上都有某些方面是值得自己学习，甚至说就算自己哪方面都比他强，也还是可以从他身上学到一些东西。也就是说，人的一生可以向任何对象学习，教和学还可以相长呢。这是一种谦德，表示我从宇宙万物那里都可以学到东西，没有任何我交往的对象是不如我的。这种解释就明显好多了。这才是善于学习。老师是传道、授业、解惑者，这话是不错，但韩愈也说："术业有专攻，闻道有先后。"你真的能确定自己什么地方都比别人强，完全不需要跟别人学了吗？如果一个人如此傲慢，就会跟整个的社会体系发生冲突。可见，人可以向大众学习，可以向自然界的山水学习，可以向愚夫愚妇学习，就算是菜市场也可以找到值得学习的地方。这才是真正的"无友不如己者"。换句话说，我永远都可以从周遭学到东西，包括正面的、反面的，这样一来"学习"的意思一下子就变得很广阔了。

三年无改于父之道

子曰："父在观其志，父没（mò）观其行。三年无改于父之道，可谓孝矣。"

——《学而篇》（1.11）

白话试译

孔子说："观察一个人，要看他在父亲活着的时候选择什么志向，在父亲过世以后做出什么行为。如果他能三年之久不改变父亲为人处世的作风，就可以称得上孝顺了。"

《孔子圣迹图·钧天降圣》

　　颜征在生孔子前，听到室外奏起优美的钧天之乐，伴随音乐传来"天感生圣子，降以和乐"的声音。因此，孔子出生后有异象四十九处。

讲评

　　这一章出现了"志"和"行"。"志"是心中的志向、主张、想法，或者说企图心；"行"是实践自己志向的行动。说穿了，人生就这么两件事，一个是志，一个是行，如果空有其志，那是笑话，所以《易经》屯卦（䷂）第一爻及临卦（䷒）第一爻的《小象传》都是"志行正也"。

　　"父在，观其志"，父亲在的时候，还轮不到你做主，但你就要开始有想法了；虽然你的想法还不能实行，因为有长辈在，不能僭越，你还处在观摩学习的阶段。

　　"父没，观其行"，父亲不在了，由你来继承家业的时候，就要看你如何践行你的志向了。有些人在掌权之后，就不"行"他原先的"志"了，比如背离自己的志向去搞权力斗争，那他就堕落了。

　　"三年无改于父之道，可谓孝矣。"这里又谈及前面所讲的孝道。在古代，父母亲去世有三年之丧的规定，从天子到庶民无一例外，一直到明清两代还是这样。也就是说遇到父母之丧，不管是多大的官，只要没有特殊原因，都要守三年丧。只是这三年不是三十六个月，而是二十五个月，即只要跨两个年度，第三年只有一个月。二十五个月就算三年服丧期满，一切方能恢复正常，现在的我们就觉得相当难，但这种制度在中国真的是实行了几千年。

　　什么叫"三年无改于父之道"呢？这完全是《易经》中蛊卦（䷑）卦辞"先甲三日，后甲三日"，以及第一爻"干父之蛊，有子，考无咎"、"意承考也"所表达的意涵。对于父亲那一套行事的方式要有所继承，或者说要保持一定程度的尊重，不能一接班，就把以前的政策统统都改掉，推动改革。那样会得罪很多老臣的，局势不稳，就无法真正推行改革。"三年无改于父之道"，也就是说在三年服丧期间，大政方针基本上承前代不变，因为毕竟刚接手，也需要一段时间来熟悉掌权之后的运作机制。所以在两代君主之间，如果后来者一上台就急于社会改革，一定是不得人心的，一定会失败。谨记在"开来"之前一定先要"继往"，三年的时间，其实也是让你掌握一些基本情况，争取做到平稳的过渡，不要急急忙忙地把那些新东西拿出来。《易经》蛊卦第一爻就讲"意承考"，说的就是继承，最后才是"志可则也"，到这个时候你就可以出新了。所以一般的接班人都要审慎，"三年无改于父之道"，不管主持家业还是国政，都一样。

"父在，观其志"，很稳重，不轻举妄动。"父没，观其行"，"三年"，就是蛊卦中"先甲"、"后甲"的那一审慎的过程。"无改于父之道"，是指不要轻易改革，因为这个道行之已久，就算是未来可能要突破，也不能仓猝行事，守父丧的时间，最适合做的事情就是先保持稳定。这种父子间的"观其志，观其行"，可以推广到很多方面，文化的继承、志业的继承统统可以包括在内。其实我们讲"干蛊"，从文化继承的角度说，就是批判式的继承。不要那么急于提出创见，先把前人的东西彻底消化吸收，真正搞懂了再说，不然就会变成创伤性的见解。

孝悌为仁之本

有子曰："其为人也孝弟（通'悌'），而好犯上者，鲜（xiǎn）矣；不好犯上而好作乱者，未之有也。君子务本，本立而道生。孝弟也者，其为仁之本与（通'欤'）！"

——《学而篇》（1.2）

有子说:"一个人能做到孝顺父母与尊敬兄长,却喜欢冒犯上司的,那是很少有的;不喜欢冒犯上司,却喜欢造反作乱的,那是不曾有过的。君子要在根基上好好努力,根基稳固了,人生正途就会随之展现开来。孝顺父母与尊敬兄长,是一个人做人的根基啊!"

讲评

《学而篇》里孔子的八则都讲完了,下面就来看看"有子曰"——《学而篇》第二章,这章很容易懂。

"其为人也孝弟,而好犯上者,鲜矣",当然,如果真的是孝顺父母、友爱兄长的人,还会在外面轻易犯上,这种情况太少了。"不好犯上而好作乱者,未之有也",前面是少,后面是一个也没有。换句话说,如果从孝悌开始,人性比较纯善,就不会出现社会组织秩序遭到破坏问题,因为为人孝悌在家里就基本上解决了不可能犯上的问题。过去常常讲忠臣出于孝子之门,就像《易经》中家人卦(☲)《大象传》所提到的"君子以言有物而行有恒"。这是一种家庭的熏陶,一种善意的培养,一个人有了这样的好性情,在外面就不可能犯上作乱。所以孝悌是人生大本,这跟前面的"弟子入则孝,出则弟",最后才能"行有余力,则以学文"是一脉相承的。

"君子务本,本立而道生",孝就是本,在《孝经》中就说"孝为德本",《易经·系辞传》讲复卦时称:"复,德之本也。"复卦本来就是母亲生小孩的象(☷,上为坤,为母,下为震,为长子),是一代传一代的新陈代谢,所以其中的"本"要立。"务"就是专心致志地做,一旦"本"务好了,大家都能做到孝悌的话,这个社会的问题会少很多，不会出现那么多乱七八糟的事。"本立而道生"，跟禅宗中讲的"自性生万法"是一回事。所以为人处世要从最根本的地方着手。

"孝弟也者，其为仁之本与？""与"即"欤"，为句尾语气词，"为"是作为，"为仁"就是实践仁德、仁道。行仁之本是孝悌，这好像是老生常谈，跟"学而时习之"的分量差得很远。《论语》的编者把这句话摆在第二位，就是因为有若跟孔子长得很像，还有就是有若的弟子是《论语》的主要编辑。

附：子贡其人

子贡（公元前520～公元前446年），姓端木，名赐，字子贡（有些古籍也称"子赣"），春秋末年卫国人。小孔子三十一岁。孔子的得意门生，孔门十哲之一，以言语闻名。

子贡利口巧辩，善于雄辩，《论语》中对其言行记录较多。他还善于经商之道，为孔子弟子中的首富。后世题词挽商界有成就之人逝世，常以"端木遗风"（指子贡遗留下来的诚信经商的风气）称颂，甚至有人奉之为财神。司马迁除了在《史记·仲尼弟子列传》中对子贡大量篇幅记载外，在《货殖列传》中对其经商也有记载。孔子去世后，子贡守丧六年，是众弟子中为孔子守丧时间最长者。

《史记·仲尼弟子列传》谓子贡"常相鲁、卫"，孔子也认为子贡有非凡的政治才能。《论语·雍也篇》曾记载季康子问孔子，子路、子贡、冉求是否可以从政，孔子回答说三人皆可从政，但孔子却分别道出三人之优点各不相同："由也果，赐也达，求也艺。"从子贡的优点是"达"，这是从政者不可或缺的素质。一个从政的人如果能够"通达事理",就会从宏观上把握问题,而不会为细枝末节所累,这样的人肯定会把政事处理得有条不紊。而子路的"果"和冉求的"艺",同子贡的"达"相比,应该说低了一个档次。正因为子贡通达事理,又有杰出的言语才能,才会被鲁、卫等国聘为相辅,以及在出使齐、吴、越、晋四国的外交活动中获得圆满成功。

端木赐字子贡卫人赠黎侯

子贡学习上的优异,首先体现在他的"言语"水平的高超上,也就是说子贡在说话技巧、演讲技能上有独到之处。《论语·学而篇》曾记载孔子、子贡师徒二人对答,子贡灵活运用《诗经·卫风·淇奥》中"如切如磋,如琢如磨"的诗句来回答老师提问的情形。孔子认为子贡的回答非常贴切,故而称赞子贡说:"始可与言《诗》已矣。"《史记·仲尼弟子列传》载:"子贡利口巧辩,孔子常黜其辩。"在外交活动中,子贡充分发挥其演说才能,引祸水于他人,使得四国国君对他的利害分析深信不疑,并纷纷采纳他的主张:"子贡一使,使势相破,十年之中,五国各有变。"结果,子贡的出使,造成了"存鲁,乱齐,破吴,强晋而霸越"的局面,其高超的口才和外交能力在这次外交活动中发挥得淋漓尽致。

在孔子死后,后人对于子贡的赞誉,甚至高过孔子,在《论语·子张篇》中,子贡面对这些对自己的赞誉或对孔子的诋毁,他坚决维护老师的地位，他说："夫子之墙数仞，不得其门而入，不见宗庙之美，百官之富"，"仲尼，日月也，无得而逾焉"，"夫子之不可及也，犹天之不可阶而升也"。当然，这些赞誉并非空穴来风，说明子贡在当时的名声、地位和影响，确实已不在孔子之下。司马迁作为一个有远见卓识的史学家，甚至认为孔子的名声之所以能布满天下，皆因子贡，《史记·货殖列传》载："子贡结驷连骑束帛之币以聘诸侯，所至，国君无不分庭与之抗礼。夫使孔子名布于天下者，子贡先后之也。此所谓得执而益彰乎？"

尽管子贡有着多方面的建树与成就，但他在孔子面前却表现得非常谦恭。《论语·公冶长篇》记孔子问子贡："汝与回也孰愈？"子贡说："赐也何敢望回？回也闻一以知十，赐也闻一以知二。"其实子贡与颜回相比，就政事而言，颜回要交白卷；就生存能力而言，颜回连生计也几乎维持不下去。孔子遭遇危险时，子贡总能挺身而出，《史记·孔子世家》载，孔子困陈、蔡，当时孔子门徒大多不知所措，是子贡使楚，最后，"楚昭王兴师迎孔子，然后得免"。

在今天的山东曲阜孔林中尚留有子贡自南方移植到曲阜的楷木，这是因为孔子去世时，子贡正在南方，听到消息后，带着南方特有的树种回到曲阜，祈愿老师原谅他不在身边之过，后来楷木存活了下来，并在曲阜大量生长，此树今天只留有部分树干，前有康熙手书"子贡手植楷"。

子贡晚年，也像孔子一样开始教学，子服景伯就是他培养出的优秀人才。子贡死于齐国，死后至唐开元二十七年（739年）追封其为"黎侯"，宋大中祥符二年（1009年）加封为"黎公"，明嘉靖九年（1530年）改称"先贤端木子"。

第三章

吾日三省吾身

曾子曰："吾日三省（xǐng）吾身：为人谋而不忠乎？与朋友交而不信乎？传不习乎？"

——《学而篇》（1.4）

白话试译

曾子说："我每天拿这三件事来多次反省自己：替别人办事，有没有尽心尽力呢？与朋友互动来往，有没有不守信的地方？传授给学生道理，有没有先印证练习呢？"

讲评

《学而篇》第二个出场的大弟子是曾参。曾参在孔门弟子中地位不低，颜回是"复圣"，曾参以孝顺为名，则称"宗圣"。曾参的弟子也有很多，据说《大学》就是他传下来的，影响当然很大。孔老夫子的孙子子思就是曾子的学生，所以，曾子在《四书》中的地位很重要。

"省"是反省，内省对人来说是非常重要的，我们常常听到有些人也把它念成"shěng"，这就很奇怪了。这里是反省的意思，人碰到任何事情要在内心里过一过，做深刻的思考。"吾日三省吾身"，就是在做"日课"，每天都要反省自己，"三"，是指三件事。有人说古典文献中的"三"是泛指多数，"九"也是，有所谓"论三九"之说，但在这里就是很明确地说三件事情。日本有个很大的书店叫"三省堂"，就是出自这一章。可见，东北亚国家受中国文化影响确实很深，日本的书店都在提醒人们读书时要"三省吾身"，那个"三省堂"的书签，我到现在还留着，上面画的是像水波一样的东西，我感觉那就是人的脑波，读书的时候你的脑波受到刺激就必须开始活动，如果反应迟钝，脑子完全没有波动，就学不到东西。

　　"吾日三省吾身"，每天二十四小时都有反省，这种精神就是自强不息，就是乾卦（☰）第三爻所说的"君子终日乾乾"。只要是人就会犯错，一旦错了就要自我反省。曾参的自省依据的是三个方面的事情，都有一定的标准，一旦发现有问题马上迁善改过；而且并没有人监督他，他是自己主动考核自己。那么，是哪三件事以及哪三个标准呢？

　　一是"为人谋而不忠乎？"也就是别人委托你谋划、筹办的事，有没有尽力而为呢？假如你有十分的力量，只拿出两三分来应付，就是"不忠"，因为你没有尽心尽力。张忠谋，这位台积电的大佬就是从这章取的名字，所以才发达成这样。你的小孩要想超过张忠谋，他的名字可能要叫"学而"，或者叫"时习"，那肯定比他还要发达，因为那是《论语》开篇第一章。大家都可以往前抢，有子、曾子也是在抢占先机。

　　二是"与朋友交而不信乎？"交朋友首要的问题就是要讲诚

《孔子圣迹图·俎豆礼容》

　　孔子五六岁时，就摆上祭器，模仿周朝各种礼仪。远远胜于同他一起游戏的儿童，这是上天赋予他的秉性，不用学习就会去做。因而，名闻列国。

信。你跟朋友交往有没有不讲"信用"的地方呢？"信"在《易经》的中孚卦（䷼）是特别强调的，其《象传》云："豚鱼吉，信及豚鱼也。"有了诚信，才能调度资源。任何人手边现成的资源都是有限的，如果你的信用好，人家就都会愿意与你配合，提供你所需要的资源。中孚卦的"孚"字形上看就是母鸟孵育小鸟的象，也就是基督教所倡导的"信、望、爱"的意涵，是做人最基本、最重要的价值观。

三是"传不习乎？"明代理学家王阳明的《传习录》是一部非常重要的儒学著作，也是一问一答的形式，书名就是从这儿来的。这就是传统经典留给后世的影响。"传不习乎"，意指我传授给学生的道理，自己有没有去印证练习呢？"习"就是"学而时习之"的"习"，就像小鸟一遍又一遍练飞那样"习"，如此才能熟能生巧，做到真正的消化吸收。否则，文化的传承就会断掉，再不然就是打折扣、走偏路。

在这一章，曾子教给我们的是一种为人处世的学习态度。世间很多事都需要谋划，我们帮人出谋划策、解决问题，就得"忠"人之事；与朋友交往，一个最广泛适用的原则就是"诚信"；最后，你的学养够不够，能不能做到每天都坚持印证练习？

另外，也有人把"传"念成"zhuàn"，这就有点不大对了，因为"传"的意思很广，心法、师法，很多基本理论和基本技巧都包括在内，所以念"chuán"。《春秋》是口耳相传，禅宗居然什么东西都没有留下来，只用心传，靠的是默契、顿悟。如果是传（zhuàn）的话，意思就比较狭窄。当然这个字也念"zhuàn"，大家之所以用传来解释经，目的就是要把经中最重要的思想一代一代传下去，像"春秋三传"就有《左氏传》、《公羊传》、《谷梁传》，《易经》也有十篇《易传》，但是也有很多经是老师直接传授给学生的。

另外，曾子那个时代的"传（zhuàn）"还远没有那么多。所以这里应该还是"传（chuán）不习乎"，是通指一切文化传承，而且要不断去习，不能打折扣或者走偏路。

以上都属于曾参"每日三省"的内容，而且曾参反省自己的方法也是向孔子学来的，即从自己没有完全做到的方面去总结。正如子曰："德之不修，学之不讲，闻义不能徙，是吾忧也。""三省"不是想三次，而是每天去想这三件事。王阳明的书名《传习录》，朱（熹）、吕（祖谦）的书名《近思录》（源出"切问而近思"），都是《论语》中的话。先有《近思录》，后有《传习录》，这个王阳明就比较聪明，《近思录》是从《论语》较后的篇章里取材，而他却在前面找，来一个《传习录》。我的老师当年教我们的时候，说宋明理学虽然有一套，但是有一些说法稍嫌僵硬，放不开。新的时代来了，那么多活泼的新事物需要我们去应付，对于经典就得活学活用，在其中注入新的时代精神，"切问而近思"，既应该超越朱吕的《近思录》，也应该超越王阳明的《传习录》。

慎终追远

曾子曰："慎终追远，民德归厚矣。"

——《学而篇》（1.9）

白话试译

曾子说："谨慎地处理父母的临终之事，念情思恩虔诚祭祀，这样社会风气就回归淳厚了。"

讲评

"厚"是厚德载物的"厚"，敦厚的"厚"。"厚"非常重要，做人、做事都不能太薄，人生底蕴要足够厚实，不能太虚。我们说某个人很厚道，很值得信赖，就是如此。"民德归厚"，就是民心回归淳朴。那么，怎样才能让一般老百姓的德都"厚"起来呢？这就需要潜移默化的功夫了，曾子说要从"孝顺"开始，即"慎终追远"。前面有若说"君子务本"，孝顺的"本立而道生"，这也是他们的共同主张，从狭义到广义，还是孝为德之本。

"慎终"有专门的意思，真心为慎，给父母送终要很审慎，不能马虎。子女既然孝顺，父母亲过世当然是大事，要全心全意去办理，而且要办得很圆满，不能有遗憾。"追远"就是每一年的祭祖，不能忘本。所有的丧葬、祭祀仪式，都是在提醒人们注意生命的渊源问题，目的是培养人的"慎终追远"的情怀和操守，即有恩有义。"慎终追远"就是追本溯源，要清楚自己从哪里来，也就是俗话说的"吃果子，拜树头；吃米饭，敬锄头"，一个人要时刻牢记，自己不是从石头缝里蹦出来的，是有源头的。

"慎终追远"，对父母的丧事审慎对待，对祭祀要放在心上，这样一来，民风自然而然就变得淳朴起来了，也就是"归厚"。如果再扩大，在没有血缘关系的领域里，也要懂得"慎终追远，民德归厚"，这样潜移默化熏陶出来的人就不大一样了。如果在这方面疏于教化就很可怕，连跟他关系这么亲近的人，都不能尽心，那他对社会上的陌生人不就会动不动争夺抢杀，什么都敢胡来了吗？

贤贤易色

子夏曰："贤贤易色，事父母能竭其力，事君能致其身，与朋友交言而有信。虽曰未学，吾必谓之学矣。"

——《学而篇》（1.7）

子夏说:"对妻子,要重视品德看轻容貌;事奉父母,能够用尽全力;为君上服务,能奋不顾身;与朋友交往,能够守信用。这样的人,即使他说没有学过,我一定说他已经是学习过了。"

讲评

这一段"子夏曰",第一句也是普遍存在误读的。

子夏,姓卜名商,字子夏,以"文学"著称,曾为莒父宰。子夏是战国初年的霸主魏文侯的老师,属于典型的"王者师",李悝、吴起都是他的弟子。相传《诗》、《春秋》等书,均是由他传授下来。他对后世的影响很大,他的话也挤进了《学而篇》,但是《论语》中并没有称他为"卜子"。

这一章一共讲了四件事。我们先讲第二件:"事父母,能竭其力。"这句话很好懂,即事奉父母,要能尽心尽力地孝顺。第三件事也好懂:"事君,能致其身。"就是替国君服务,要全心全意,必要的时候还可以牺牲自己。换句话说,这两件事,一个是讲孝,在家里要尽孝;一个是讲忠,出外做事要尽忠。第四件事:"与朋友交,言而有信。"就是朋友之间的交往要有诚信。

最后是总结:"虽曰未学,吾必谓之学矣。"意思是说,这个人如果做到了以上那些,虽然说他没有去学过什么专业知识,也没有多少高深的理论,但我一定认为他已经是学习过了的。人生最需要学的就是这些,这是做人、做事最基本的要求。儒家所提倡的,是"效也"、"觉也",更看重的是人的道德情操,不见得一定要学习掌握多少专门的知识,"学"是要觉悟、要效法的。

好,我们来看第一件事:"贤贤易色。"这句话到底是在讲什么呢?最关键是在"易"字上,是什么意思呢?有人说"易"是交换、交易，朱熹就是这样认为的，这是一个很有代表性的说法。其实，"贤贤易色"第一个"贤"是动词，"易"也是动词，"贤"就是尊崇、崇尚意思。尊崇什么？尊崇贤人。后一个"贤"则是名词，圣贤的意思。那么，"易"就是轻视、不看重的意思。像《易经》中的"丧羊于易"、"丧牛于易"，就是指把某一事物看得太简单，以致掉以轻心。这里的"易"有轻视的意思，也有改变的意思。"色"就是色相，比如美色。

一般的解释认为会把"贤贤易色"的"易"当成"替换"、"交换"的意思，这种解释难免有唱高调的嫌疑，意思是人不要执著于色相，就像"巧言令色"一样，没有内在美。内在美是"贤"，所以子夏主张我们应该是尊重贤人，用"惜圣"、"惜贤"之心来取代我们好色的心。其实，这种解释是违心之论，因为要做到这一点非常难，好色之心人皆有之，如果说"好色之心"是罪恶的，我们要用什么来替代呢？用"尚贤之心"来代替"好色之心"吗？那有几个人做得到？这显然有点迂腐，太像是唱高调了。

谁能把自己与生俱来好色的心用尚贤的心来替换掉？要知道，饮食、男女是人之大欲，古人云："食色，性也"，"色"是人性中很自然的欲望，并不是罪恶。如果说这样的欲望，代表心思不好，一定要去掉，换上"尊重贤人"的心，是不是有点迂腐、冬烘呢？这种高调估计大多数人听不进去，也很少有人能做得到。作为孔门十哲、七十二贤人的子夏，不至于提出这样的见解吧？很显然，子夏不是那个意思。何况孔子对此也曾发过感慨，他说："吾未见好德如好色者也。"（《子罕篇》9.18）既然孔子都没有见过喜欢美德像喜欢美色一样的人，为什么子夏还建议大家把好色天性改成好德之心的建议呢？孔子都认为普通人如果顺着自然本性发展，一定是好色超过好德，当然，"色"也包括其他的外在之相，比如财富、名利等。

可见，子夏主张对父母尽孝，主张事君尽忠，主张对朋友讲诚信，都是可以的，但是主张大家把好色之心都去掉，一律换成崇尚贤人的心，就行不通。好色很容易，不教都会，好德则很难。

那么，"贤贤易色"到底是在讲什么？其实很简单，就是过去的"五伦"所强调的"夫妇"这一伦，即择偶观，意思是娶太太要把美色看得比较轻，把贤德看得比较重。"夫妇"是所有伦常建立的根本，《中庸》说"君子之道，造端乎夫妇"。很多人找对象就是要选名模一样的美女，太太越漂亮越好；但是结果很可能不幸福，因为女人最重要的是要贤惠，贤妻良母是也。所以，男人在选妻子的时候要看重贤德，即"贤贤"，看轻她的美色，即"易色"，这就是夫妇之伦。事实上也是如此，如果妻子太漂亮，首先，你可能一辈子要"伺候"她；其次，她的漂亮能保持多久呢？再说，漂亮的妻子摆在家里也不安全，别人会"垂涎"。但是，一般人选妻子还是选美女，比较看重色相，而不看重德行，所以子夏就郑重地说，娶妻要"贤贤易色"，然后才是"事父母能竭其力，事君能致其身，与朋友交言而有信"。这不就是五伦吗？由"夫妇"之伦一步步推出去的完整体系，说来说去还是齐家、治国、平天下。

大家可能还记得二三十年前有所谓的第六伦，有人认为中国传统文化中的五伦不够完备，需要第六伦，即"群己关系"，这是李国鼎先生提出来的。他被誉为台湾经济发展奇迹的重要推手，之所以这样提，是因为他认为现代社会需要公德心，人不能自私自利，群体跟个人之间要建立一个伦理关系。其实这种说法是有问题的，因为"群己关系"本来就在"五伦"的"朋友"这一伦中，根本就不需要再提出第六伦。

后来因为生态环境问题严重，又出来个第七伦，叫"环境伦理"。这都是标新立异之说。"群己关系"在《易经》中就包括天地人鬼神，不仅仅是人与人的关系，还有人与天地、自然的关系，人与鬼神、文化的关系。古人没有我们想象得那么笨，很多人立了一个新名词，还把它当成运动来推展，真令人啼笑皆非。如果将来要是再出现什么新的状况，比如人与外星人的关系，难道还有第八伦、第九伦？类似这样的很多，就是因为没有真正理解"五伦"，认为"五伦"仅局限在家庭，局限在以前所谓的愚忠、愚孝中，其实不然。随着时代的发展，人际关系的复杂，"五伦"也可以弹性发展，很多新问题都可以包括在内，不必另造新名词，再多也不见得做得更好。

话说回来，如果说娶妻不要考虑美色，是不是要尽量娶"丑妻"？像曾国藩、诸葛亮娶的就是丑妻，娶了之后就完全放心，没有任何人会打其主意，他就没有后顾之忧，可以专心干自己的事业，这也是一种智慧。不过这是大智慧者所为。我们一般人是戒不掉好色之心的，那就娶一个中等姿色的好了，千万不要追求极端，要是娶了个"尤物"，你又降不住，结果会招来怨尤、嫉妒，总之麻烦多多。就像前面讲的"居无求安，食无求饱"，人生不要刻意追求极端、稀罕的事物，拥有那些不见得是福，很可能是祸。俗话说："丑妻，近地，家中宝。"在古代农业社会，人们认为家有丑太太，田产又离家不远，这是家中之"宝"。

温良恭俭让

子禽问于子贡曰："夫子至于是邦也，必闻其政；求之与（通'欤'，下同）？抑与之与？"子贡曰："夫子温、良、恭、俭、让以得之；夫子之求之也，其诸异乎人之求之与！"

——《学而篇》（1.10）

子禽向子贡请教:"老师每当到一个国家,一定会了解该国政治的详细情况;这是他自己主动去找的,还是别人主动给他提供的?"子贡说:"老师是靠为人温和、善良、恭谨、节制、谦退,才得到这样机会的;老师找机会的方式与别人的方式大不相同。"

讲评

子禽,姓陈,字子元,一字子禽,又字子亢,春秋时顿子国(今项城市南顿镇)人。十八岁入孔门,后随孔子到卫国,以儒士身份,留在卫国做官。他在《论语》中是作为一个请教者出场的,被请教的人是其师兄子贡。子贡是孔门干才,后面我们还会专门讲到他。

子禽发现孔子周游列国时,尽管那里并不是老师的父母之邦,但老师一定会去考察那个地方的政治形势。孔子每到一个国家都"必闻其政",因为孔子曾做过大司寇,甚至代过相职,有治国经验,又有丰富的学养,认真观察过当时的国际形势,他到任何一个国家,都一定要去了解那个国家的内政。"必闻",闻不止是听,还是"知"。怎么了解呢?当然他可以亲自考察,还有一种办法就是当地人主动带着问题来向他请教,这是了解一个国家政事的好方法。还没等孔子主动去问,就有当地人主动找上门来向他汇报,这就很厉害了。

"求之与?抑与之与?"是孔子主动去找他们的,还是别人主动给他提供内情?一个是自己主动,一个是别人主动,差别很大。《易经》中蒙卦(☷☵)卦辞称"匪我求童蒙,童蒙求我",意思是说人家找上门来,教起来不费劲,如果是你去找人家,那就

《孔子圣迹图·入平仲学》

孔子七岁时，到晏平仲办的学校学习。

很费劲了。

"夫子温、良、恭、俭、让以得之；夫子之求之也，其诸异乎人之求之与？"子贡认为孔子这种"求"的方式很省力，因为他是靠"温良恭俭让以得之"，本身具备那种吸引力。《易经》中的观卦（☲☷）"六四"的爻辞称"观国之光，利用宾于王"，就像孔子利用周游列国的机会，作为客人去了解各国的情况，掌握一些第一手资料。

更重要的是，孔子的态度好才赢得了那样的机会。什么态度呢？即"温、良、恭、俭、让"，温和、善良、恭谨、节制、谦退，这就是《易经》中的谦卦（☷☶），谦恭、谦让以待人，人们自然愿意与之交流，与其交心。我记得在台北北一女中，曾经对于班级的编排就是温班、良班、恭班、俭班、让班，利用经典来作为班级的标识，也是一种潜移默化的教育。温、良、恭、俭、让这种态度，孔子能把人际关系处理得非常和谐。他不用主动去求，人家就会给他第一手的可靠资料。《易经》之屯卦（☵☳）、蒙卦（☶☵）都是讲"求"，求婚媾、求童蒙，很多人为了"求"，搞得自己很别扭，而孔子却不求自得，就是因为他的"温、良、恭、俭、让"的态度很有效。假如不是那样，他凭什么坐知天下事？世间所有的大宗师都具备这样的人格魅力。老子也讲"不出户，知天下；不窥牖，见天道"，有些人一天到晚钻营，结果啥也求不到，是因为他不具备那种人格魅力。

贫而无谄，富而无骄

子贡曰："贫而无谄，富而无骄，何如？"子曰："可也。未若贫而乐（道），富而好礼者也。"子贡曰：《诗》云：'如切如磋，如琢如磨.'其斯之谓与？"子曰："赐也，始可与言《诗》已矣！
告诸往而知来者。"

——《学而篇》（1.15）

白话试译

子贡说："贫穷而不谄媚，富有而不骄傲，这样的表现如何？"
孔子说："还可以。但是比不上贫穷而乐于行道，富有而崇尚礼仪
的人。"子贡说："《诗经》上说：'就像修整骨角与玉石，要不断
切磋琢磨，精益求精。'这就是您所说的意思吧？"孔子说："赐
呀，现在可以与你讨论《诗经》了！告诉你一件事，你已经可以
自行发挥，领悟另一件事了。"

讲评

子贡，我们都知道，他是孔门十哲之一，以言语闻名，善于
雄辩，曾任鲁、卫两国之相。还善于经商之道，为孔门弟子中首
富。孔子去世后，子贡守丧六年，为弟子中守丧时间最长者。

上一章是同学之间的问答，这一章是师生之间的问答，是子
贡问孔子，他们之间的讨论引用了《诗经》。《四书》中有大量讨
论《诗》、《书》、《礼》、《乐》的内容，其中讨论最少的就是《易经》
与《春秋》，这是当时最重要、最高深的两部经典，和《诗经》、《书
经》一样，是当时的教育范本，但是《论语》中谈《易经》只有
短短两则，《论语》中是不是有意避而不谈这些？这是很值得玩
味的问题。

《易传》中有很多"子曰"，可见孔子在《易经》上下了很多
工夫，可是《论语》中却很少见，只有"不恒其德，或承之羞"
（《子路篇》）、"五十以学《易》，可以无大过"（《述而篇》）这两处。
对教了一辈子书、研究了一辈子学问的孔子来说，《论语》的篇

幅太小，不能容纳孔子更多的言论。至于《易经》和《春秋》经文少有提及，是不是在编辑方面存在遗漏或者别的什么原因，我们就不得而知了。孔子教学一辈子，绝对不会只留下这么一点内容，如果不读《易经·易传》，我们可能会认为孔子只留下这么点东西。《易经》在《论语》中尚有两处，而他自己首创的《春秋》在《论语》中竟然一字未提。当然，孔子在晚年思想成熟之后，有很多创新，对自己之前的看法也有批判，但是《论语》中没有提到孔子跟《春秋》有任何关系。反倒是《孟子》中有几处谈到了孔子与《春秋》的关系，那仅有的几则是孔子作《春秋》的重要旁证。另外，《孟子》里一句都没有谈《易经》，孟子不可能不知道孔子跟《易经》的关系，他肯定对《易经》也有研习，但是什么都没说。这也是一个公案。当然，没谈不代表不懂，就像我们讲《论语》，表面上好像跟"五经"没有任何关系，其实它完全是五经中的道理呈现。

好，我们回到文本。子贡曰："贫而无谄，富而无骄，何如？"贫困而不谄媚，富有而不骄傲，这样的人生态度好不好呢？"贫"是专指没有钱，"贫"与"穷"不一样，穷是山穷水尽，人弯着身子躲在山洞里面才是"穷（窮）"。"贫"则跟钱有关，"分贝"为贫，贝壳是曾经的货币，钱不够才是"贫"。有的人有很多钱还是穷，因为到了精神层面的穷途末路。

关于"贫而无谄"，我们常说，人是英雄钱是胆，人一旦没有钱壮胆，见人都会矮一截，没有钱的人一般会拍有钱人的马屁，自然就会表现得很谄媚。如果说人没有钱却不谄媚，那就比较难能可贵了。"富而无骄"，贫与富相对，有很多钱但是不要骄傲。不管是贫还是富，贫的时候不谄媚，富的时候不骄傲，子贡认为这种人生态度应该不错了。但是孔子回答："可也。"意思是，还可以吧。在孔子看来，这样的表现也就六十分，刚及格而已。

"未若贫而乐（道），富而好礼者也"，孔子认为"这比不上贫困而能乐道，富有而能崇尚礼仪"。"富而好礼"，是说你有钱了，要崇尚礼仪，多做善事，对社会有所贡献、有所回馈。"乐道"是不是就不贫了呢？也不是。"乐道"就是乐行天道，《易经》乾卦《大象传》说"天行健，君子以自强不息"，如果你觉得贫困实在是太苦了，那就得自强，不能向人家乞钱度日，更不能骗钱糊口，要靠自己的奋斗去赚钱。这里讲的不是空洞的教条，而是你认为贫困不好，就要学习赚钱之道，靠自己的努力脱贫。国家也是一样，要想由贫国变成富国，那就要勇猛精进，学习富国之道。只要"贫而乐道"，就不会永远贫下去。也就是说，面对贫困的处境，要积极想办法去解决，只是停留在不谄媚，那样的人生态度还是消极。"贫而乐道"这种态度，比起前面那种耍穷酸的态度是不是要好很多？

子贡提出来的那种态度，孔子只是认为还可以。最积极的态度是"贫而乐道"、"富而好礼"。其中的"乐"也是"乐天知命，故不忧"的意思，不是指天天在那儿傻笑。要知道，子贡后来靠着经商的才能赚了大钱，成为当时富可敌国的大商人。作为一个从开始贫困到后来变得很富有的人，子贡觉得能"贫而无谄，富而无骄"已经很不错了，一般人是贫困一定谄媚、富有一定骄傲的。但是孔子对此并不满意，觉得不如"贫而乐道，富而好礼"。这给了子贡很大的启发。

子贡受了启示，于是说："《诗》云：'如切如磋，如琢如磨。'其斯之谓与？""如切如磋，如琢如磨"出自《诗经·卫风·淇奥》。老师这么一讲，子贡马上联想到切磋、琢磨的效应，悟出原来自己的境界还可以有所提升。切磋、琢磨是什么意思呢？在古代，

"切磋"是指把兽骨和象牙由粗到细，一步步加工，"琢磨"则是指对玉石要精雕细琢。人生也是一样，这也是"学而时习之"的意思。学习要找到良师益友，才能提供彼此切磋琢磨的机会，越探究，越高深、越精致。子贡领悟到自己说的"贫而无谄，富而无骄"太粗糙，经过切磋、琢磨之后，达到"贫而乐道，富而好礼"那种境界，这样就精致了。也就是说，无论做学问还是干事业都要懂得"切磋、琢磨"。子贡引用《诗经》这一句，用制造象牙、牛骨、玉石的工艺来比喻人生的学问、事业，也就是乾卦第三爻"终日乾乾，夕惕若"的意思，即精益求精。

孔子马上肯定他说："赐也，始可与言《诗》已矣。"意思是，子贡能够举一反三，以后可以和他多谈一点《诗经》中的道理了。"赐"是子贡的名，当时只有老师或者长辈可以直接喊一个人的名字，在社会上，为表示尊敬一般不直接称呼人的名字，而是称其字。像刘备，当时人称刘玄德，张飞称张翼德，关羽称关云长。

孔门十哲

德行：颜渊、闵子骞、冉伯牛、仲弓。言语：宰我、子贡。政事：冉有、子路。文学：子游、子夏。

——《先进篇》（11.3）

白话试译

德行优良者：颜渊、闵子骞、冉伯牛、仲弓。言语杰出者：宰我、子贡。长于政事者：冉有、季路。熟悉文献者：子游、子夏。

讲评

颜回和子路，是孔门中知名度较高的两名学生，名列孔门十哲中。子路比孔子小九岁，颜回则比较年轻，小孔子三十岁。颜回死得比较早，有说他四十过世的，也有说他三十几岁就过世的。颜回是孔子的得意门生，《论语》中有很多篇章描述的就是得意门生死了，孔子哀痛欲绝，因为没有能够接班的人了。

颜回比孔子小三十岁，如果颜回三十几岁就死了，等于说孔子六十几岁的时候就失去了得意弟子，肯定很伤心。颜回死了之后，子路也死了，子路是跟随孔子较久的学生。颜回死、子路死，孔子都哀痛得很，他并不是只偏爱颜回，子路也有非常可爱的地方，最主要的是他还不得好死，被剁成了肉酱。《论语》中就提到孔子根据子路生前的言行就预判他可能不得好死，真是知徒莫若师！最后发现，自己的预言一点没错，子路死于政治纷争。

这一章是《先进篇》中的一则，列出了孔门十哲。首先是德行方面，有颜渊、闵子骞、冉伯牛、仲弓。他们的专长在道德行为上。德行方面的第一名就是颜渊，这是众所周知的。第二是闵子骞，闵子骞的故事大家应该知道了，他很孝顺，母亲早死，父亲续弦，后母偏心，给亲生的孩子穿很暖和的衣服，只给他穿一件单衣，后来被父亲发现，要把后母休掉，结果闵子骞替后母求情，说："母在，一子单；母去，三子寒。"母亲在的时候，只有他一个孩子穿着单薄的衣服；母亲走了，三个孩子都要挨饿受冻。闵子骞的孝顺就是这么来的，就是懂得替别人着想，不是那种愤世嫉俗的人，自己稍微有一点不如意，就怪社会、怪别人。显然，孔门还是以德行为主，十大弟子之中，德行排在首科，颜回、闵子骞、冉伯牛、仲弓四人在列，冉伯牛和仲弓这两人也是以德行著名。这些我会在后面的章节中细讲。

其次就是言语科。言语是什么？是指擅长外交辞令，能说会道、有外交的才干。言语科的高才生有宰我、子贡。子贡在当时的国际外交上有很大贡献，《史记·仲尼弟子列传》中关于子贡的那一段写得特别精彩。这当然也跟他的商旅生涯有关，经商需要跑遍天下，阅历自然就丰富，每到一个地方，王侯都很尊重他，他可以起到调停的作用。子贡排言语科第二，排第一的居然是喜欢睡懒觉的宰我，宰我能说会道，很有外交才干，却在大白天睡觉，难怪孔子很生气。"听其言而观其行"就是针对宰我讲的，宰我很会讲话，把老师都给糊弄了。当有一天孔子发现他的问题了，就生气了。其实，对宰我睡觉那一段也有不同的解释，关于"宰我昼寝"，有人说是"画寝"，就是在宿舍的墙壁上乱画，而不是白天睡觉。所以孔子说："朽木不可雕也，粪土之墙，不可圬也。"我们很多人在上小学时都在墙上画过画的，还写过标语。画画有什么关系呢？大家再细想想就知道了，青春期在墙壁上画什么？画春宫图吧？"某某爱女生，某某王八蛋"，是不是画这样的东西？孔子看到了就生气，骂他"朽木不可雕也"。这个宰我，不管他是"画寝"也好，"昼寝"也好，他很有外交才干，不能小看。

第三是政事科，具备管理众人之事的才能，也有两大弟子。一个是子路；另一个是冉有，即后来被孔子倡议逐出师门的冉求。

第四是文学科。注意，文学可不是我们现在所说的诗、小说之类的文学作品，是"行有余力，可以学文"的"文"，其中包含很多意思，主要是指对古典文献很精熟，是能够传承文化的专家。这方面有子游、子夏，子夏就是以传经闻名的。很多治国平天下的学问就在"文"里头，《诗》、《书》、《礼》、《乐》、《易》、《春秋》，或者礼、乐、射、御、书、数都是。

可见，孔门人才济济，这就是"包蒙"，有教无类，几乎要什么人才就有什么人才，外交、内政、教育，还有文学，简直都可以"组阁"了。

附：子路其人

子路（前公元前 542～公元前 480 年），原名仲由，字子路，又字季路，春秋末鲁国卞（今山东省平邑县仲村镇）人。小孔子九岁，孔门十哲之一，孔门七十二贤之一，以政事见称。性格爽直率真，《史记·仲尼弟子列传》称"子路性鄙，好勇力，志伉直"，是孔子"堕三都"之举的最主要合作者之一。后为卫大夫孔悝家宰，在内讧中被杀。子路一生追随孔子，保护孔子，积极捍卫或努力实践孔子的思想学说。他为人至孝，善政为民，世称先贤。被仲氏尊为始祖。

仲由除随孔子学六艺外，还为孔子赶车，做侍卫，跟随孔子周游列国，他敢于对孔子提出批评，自身也勇于改正错误，深得孔子器重。孔子称赞说："子路好勇，闻过则喜。"孔子任鲁国司寇时，他任季孙氏的家宰，后任大夫孔悝的家宰。

《仲尼弟子列传》载：子路"冠雄鸡，佩豭豚，陵暴孔子。孔子设礼稍诱子路，子路后儒服委质，因门人请为弟子。"这里说的是子路年轻时，头戴雄鸡式的帽子，佩戴着公猪皮装饰的宝剑，曾经欺凌孔子。但还是受到孔子赏识，孔子用礼乐慢慢地诱导他，使其信服，收其为弟子。子路性格爽直，为人勇武，对孔子的言行，虽然常提出意见，却是个忠心耿耿的弟子，是孔门弟子中性格较为独异的一位。子路好勇，但不是鲁莽，与一般的逞勇好斗之徒不同，他的好勇含有伸张正义、为民请命的意蕴。孔子曾评价子路："由也，升堂矣，未入于室也。"说明子路尽管经过孔门的洗礼，但身上的野气始终未能脱除干净，即子路始终未能成为儒雅君子。但伉直、好勇恰恰是子路人格中最闪光的地方，子路"愿车马衣轻裘与朋友共敝之而无憾"的义气，在卫国动乱中

《孔子圣迹图·职司委吏》

　　鲁昭公十年（公元前532年），孔子二十岁时，担任季孙氏管理仓库的
委吏，工作认真负责，做到仓库充盈，账目清楚。

舍生取义的精神，都与其伉直、
好勇的性格有关。

子路性格伉直，表现在言
语上，即不掺假欺瞒，孔子
说："片言可以折狱者，其由也
与？"说的就是子路办案决断
严明。还有"子路无宿诺"，答
应今天兑现的事情，决不拖延
到明天。孔子曾断言："道不
行，乘桴浮于海。从我者，其
由与？"可见，孔子也坚信子

仲由字子路卞人赠
衛侠

路对自己忠心不贰。但子路却不像颜回那样于孔子之言"无所不
悦"，只要他认为孔子的言行有不正确的地方，总是直率地提出
批评和反驳。《论语·阳货篇》载："公山弗扰以费叛，召，子欲
往。"对孔子的这一举动，子路以为不妥，当面反讥：为什么要投
奔这个叛乱分子呢？由于此事欠妥，加上子路的反对，孔子终未
能成行。还有，《史记·孔子世家》记载，孔子在卫国时，欲得
到卫灵公任用，当时卫灵公夫人南子深受宠爱，而南子在当时名
声不佳，这实在给以守礼著称的孔子出了一道难题，但由于求官
心切，孔子还是硬着头皮去见南子。对孔子的这一"失节"举动，
子路极为反感，当面质问孔子，急得孔子对天发誓。看来，子路
就是一个光明磊落、率真坦率的人，只要他认为不对的，一定会
提出批评，即使是尊敬的老师也不例外，这一点在孔子的所有弟
子中，以及后世诸多大儒弟子中实不多见。

子路为人极为孝顺。子路少年时，家境贫穷，经常以一些藜
菜、豆类植物的叶子为食。为了父母亲能吃上米，经常跑到百里

之外购买然后背回来。这就是"子路负米"的故事。孔子评价说："由也，事亲，可谓生事尽力，死事尽思者也。"

还有成语"名正言顺"与子路也有关。有一天子路问孔子："卫君待子而为政，子将奚先？"孔子说："必也正名乎。"子路听了以后嘲笑孔子说："有是哉，子之迂也，奚其正？"孔子也火了，骂子路说："野哉，由也……名不正则言不顺，言不顺则事不成……"这段对话发生于周游列国期间，两人之间的对话没那么多师道尊严，这说明了两人关系的非同一般。也就是说，子路与孔子的关系是孔门中最特殊的，也是孔门弟子其他人无法比拟的。另外，孔子自有了子路这个弟子后，就不再会遭受别人的侮辱了，也没人敢欺侮和漫骂孔子了。从这一事实可以看出孔子对子路的依赖性，以及子路在孔子眼中的特殊性。

卫庄公元年，孔悝的母亲与人合谋，要孔悝杀卫出公。卫出公闻讯逃到鲁国。子路听说后立即返城，子羔（高柴）告诉他卫出公已经逃脱，且城门已闭，不可去送死。子路说："食其食者，不避其难。"结果他进城后被人打落冠缨，气愤地说："君子死而冠不免。"毅然系好帽缨，从容就义。

子路的言行在《论语》中出现过四十一次，是孔门弟子中对后世影响较大的一个。孟子曾称赞他有"闻过则喜"的态度，把他与禹、舜相提并论。唐玄宗时，子路被追封为"卫侯"；北宋真宗时又追封为"河内公"，后又改称"卫公"。

第四章

前面讲到子贡引用了《诗经》中的"切磋、琢磨"，孔子便说可以跟他谈《诗经》的道理了，因为他已经能"告诸往而知来者"了。意思是老师教给你过去的东西，你可以由此推衍出新的发现和心得。这就是《易经》的《说卦传》里讲的顺数、逆数，即："数往者顺，知来者逆。是故《易》逆数也。"《易经》不就是教大家如何根据过来人的经验帮助我们预测和了解未来吗？"告诸往而知来者"，是孔子对子贡的评价，子贡之所以能成为很成功的商人和外交家，就是因为他能够随时随地活学活用学到的知识，孔老夫子对他的这一点表示激赏。在他看来，像子贡这样的学习者才"始可与言《诗》已矣"。

接下来的《先进篇》就具体谈到颜回了。作为老师，怀念起自己的学生时第一个想起的就是颜回。颜回死后，孔老夫子的哀痛和所作所为统统都留在《先进篇》里。其中还包括闵子骞，接下来是子路。《先进篇》里提到孔子很多杰出的弟子。

回也，非助我者也

子曰："回也，非助我者也，于吾言无所不说（通'悦'）。"

——《先进篇》（11.4）

白话试译

孔子说："颜回这个人，不是在教学上帮助我的那种人，他对我讲述的道理没有不心悦诚服的。"

讲评

"助"就是帮助。孔子想起颜回时，说这个人的悟性很高，但"非助我者也"，听上去像是在说反话，其实孔子是在慨叹："颜回不是真正能帮上我忙的人！"为什么？因为颜回"于吾言无所不说"，"说"还是"不亦悦乎"的"悦"，换句话说，颜回吸收老师的智慧就像海绵一样，一听就懂，而且对老师所讲的主张和见解不仅心悦诚服，还能身体力行。一个学生如果对老师所教的理解吸收得太好，对老师就没有什么助益了，因为教和学要彼此相长嘛！只有"于吾言"，不是"无所不悦"的人，才会提出疑问。这个时候老师才会想：是不是我表达得不好，或者讲得再详细点？在解决学生问题的过程中，老师对问题的理解会更深入，或者表达得更到位，这实际上就等于学生帮了老师的忙。可是颜回吸收领会老师的意图没有任何问题，所以孔子才说："回也，非助我者也。"即颜回不是那种"问题学生"。

有一天我去台北教育电台录节目，有个七八年没见的学生还问我："老师，您还记不记得我当年是'问题学生'？我那时一天到晚提问题。"问题学生能帮助老师成长，但是颜回"无所不悦"，孔子觉得颜回实在太难得了，资质怎么会这么好呢？这就如朱熹所说："其辞若有所憾，其心实甚喜焉。"听上去好像有点遗憾，其实能有颜回这样的学生，孔子心里高兴死了。心里很高兴有这么冰雪聪明的学生，他却用很独特的方式来表达赞赏。因为颜回不像那些笨的学生，举一不能反三。

弟子孰为好学

季康子问："弟子孰为好学？"孔子对曰："有颜回者好学，不幸短命死矣。今也则亡。"

——《先进篇》（11.7）

白话试译

季康子问孔子说："你的弟子中谁最好学？"孔子回答说："曾经有一个学生叫颜回，他特别好学，遗憾的是他年纪不大，已经死了。现在没有这种学生了。"

讲评

季康子，是鲁国大夫，也是鲁国的权臣。鲁哀公是孔子的老板，鲁哀公也曾问过孔子，他的弟子中谁最好学？孔子说："有颜回者好学，不迁怒，不贰过。不幸短命死矣。今也则亡，未闻好学者也。"这次的回答只是比较详细而已，大同小异。不管是季康子问孔子这个问题，还是鲁哀公问这个问题，他们的潜台词都是："你有没有好的人才推荐给我们用呢？"目的都是想从孔门弟子中找从政治国的人才。孔子的心目中当然还是首推颜回，可惜颜回英年早逝，无用武之时。

下面就开始讨论颜回的死，《论语》通过对这件事情的记录来展示孔子在处理事情时所把握的应有分寸。

颜渊死

颜渊死，颜路请子之车以为之椁（guǒ）。子曰："才不才，亦各言其子也。鲤也死，有棺而无椁。吾不徒行，以为之椁。以吾从大夫之后，不可徒行也。"

——《先进篇》（11.8）

白话试译

颜渊死了，他的爸爸颜路请求孔子把他的车子卖了来替颜渊置办外棺。孔子说："不管有没有才，说起来总是自己的孩子。我儿子鲤死的时候，也只有内棺而没有外棺。我并未自己步行而把车子卖了置办外棺，因为我在大夫的行列之后随行，按礼是不可以徒步走路的。"

讲评

颜路，颜渊的父亲，名无繇，字路，小孔子六岁，也是孔子学生。这种情形在以前有很多，同门弟子中有"兄弟档"、"夫妇档"、"父子档"、"母子档"。像我教书也有一段时间了，学生中也有不少"母女档"和"师生档"的，颜路和颜回是"父子档"。

"椁"就是套在棺材外面的外棺，棺椁是古代表示死者身份和等级的棺葬制，在古代用"椁"的人要有一定的身份地位。从北京的定陵，以及湖南长沙的马王堆汉墓所出土的文物来看，古代很重视死者的陵寝，不仅装尸体的内棺很高级，外面还要加"椁"，以显地位尊崇高贵。

颜渊是孔子的杰出弟子，一生谦让不争，人缘非常好。作为颜回的父亲，颜路肯定疼儿子，况且，白发人送黑发人更是伤心。可是颜回家贫，这一点众所周知："一箪食，一瓢饮，在陋巷。"

做父亲的想厚葬他的宝贝儿子，就去跟孔老夫子提及他的马车。马车在当时也是表示身份地位，不能乱坐，孔子做过鲁国的大司寇，所以有专门的马车。"请子之车以为之椁"是什么意思呢？一种说法是颜路想要卖掉孔子的这辆车来给颜渊配外棺，问孔子肯不肯？还有一种说法是，颜路要想办个像样的丧礼，总得有辆车子来摆排场，就像现在有人结婚需要租辆豪华车来做礼车一样。不管颜路的理由是什么，这本身就是一个"不情之请"。按理说，孔子这么欣赏颜回，应该答应。但是孔子觉得这样做有违礼制，他自己的亲儿子死了他都没有这样做，所以他没有同意。

"才不才，亦各言其子也"，意思是，不管有没有才，说起来总是自己的孩子。孔子对他死去的儿子伯鱼，就爱得不得了，不管他是否有才，可是这个爱还是要有分寸，讲原则。就像《大学》里说过："人莫知其子之恶，莫知其苗之硕。"即溺爱子女的人看不到孩子的缺点，贪心不足的农夫看不到自己禾苗的苗壮。前者是说父母溺爱，总是护短，所以不了解小孩恶的一面，总是觉得自己不够，这就是人性。

"鲤也死，有棺而无椁。吾不徒行，以为之椁"，孔鲤是孔子的儿子，字伯鱼。孔子向颜路解释说，我儿子死的时候，有棺无椁，我都没有把车子卖掉或当掉。"徒行"就是步行，没有车子坐，就得走路了。孔子的话是有根据的，因为孔子做过大夫，他必须尊崇礼制，车子是他身份的象征，不能随便卖掉。像现在很多人服公职很久，得了某种勋章、奖章，那些代表荣誉的东西能在急难的时候拍卖了换钱吗？当然不行。

《易经》中的贲卦（䷕）第一爻就跟这个问题有关。"贲"是指职场的历练，贲卦到第二爻才有车坐，第一爻"贲其趾，舍车而徒"，不坐车就得徒步走，这里包含着当时的礼制文化。按一般人的判断，大概颜路也这么想：老师这么爱我的儿子，应该会同意。结果老夫子很理智地回复他："以吾从大夫之后，不可徒行也。"因为他在大夫的行列之后随行，是不可以徒步走路的，就拒绝了颜路。

但是，孔子是不是真心疼这个学生呢？当然是真心。看下面一章。

颜渊死，子曰："噫！天丧予！天丧予！"

——《先进篇》（11.9）

白话试译

颜渊死后，孔子仰天长叹道："噫！老天这是存心跟我过不去，故意要灭我啊！"

讲评

当天命与人意相违时，孔子也只能感叹，是上天跟自己过不去，把他唯一的最有资格的传人夺走了。孔门的法脉从此要绝，他当时十分悲痛的心情可想而知。

颜渊死，子哭之恸。从者曰："子恸矣！"曰："有恸乎？非夫人之为恸而谁为？"

——《先进篇》（11.10）

白话试译

颜渊死了，孔子为他哭得非常伤心，随从的学生说："老师你有一点过分悲痛了吧！"孔子说："这样的悲痛过分吗？我不为颜回这样的好学生如此悲痛，还能为谁呢？"

　　这一章孔子的话一定会得罪很多人，言外之意是：我不为他悲痛还要为谁悲痛？你们够格儿吗？大家一定觉得老师也太偏爱颜回了，就算其他人去集体跳楼，老师也不可能这样难受。这里绝对是孔子的真情流露，可是就算有这么真切的情感，他也不会为了颜回的外棺材而卖车。这个孔子可真有意思！

　　其实，子路死的时候，孔子几乎是同样悲伤，只是《论语》里没有记载，那个情景写在其他书里了。颜回死，他说："天丧予！天丧予！"子路死的时候，据《春秋公羊传·哀公十四年》载："子路死，子曰：'噫，天祝予！'""丧"与"祝"是一个意思，都是"切断"的意思，过去常讲一个人出家叫"祝发为僧"，就是把他头发剃了。孔子苦口婆心地教化了一辈子，结果先是颜回走了，接着是子路走了，好学生一个一个都死了。"天祝予"实则指孔门法脉后继无人。虽然在《论语》中，我们看到的是他一天到晚骂子路，可是打是疼，骂是爱。因为子路跟随孔子最久，心直口快，又忠心耿耿，结果死得很惨，孔子怎能不悲痛呢？

　　颜渊死，门人欲厚葬之。子曰："不可。"门人厚葬之。子曰："回也，视予犹父也，予不得视犹子也。非我也，夫二三子也。"

——《先进篇》（11.11）

白话试译

　　颜渊死了，同学们想要为他举办隆重的葬礼。孔子说："这样不可以。"同学们还是举办了隆重的葬礼。孔子说："颜回平时把我看作父亲一样，迫于当时的礼制我却不能把他看做儿子一样把他的葬礼办得很隆重。这件不合礼的事不是我的主意，是那几位学生做的啊。"

命名荣贶
孔子生子适鲁
昭公以鲤鱼赐
之孔子荣君之
贶故名其子曰
鲤字伯鱼

《孔子圣迹图·命名荣贶》

　　鲁昭公十年（公元前532年），孔子的儿子出生时，鲁昭公赐赠鲤鱼表示祝贺。为感谢国君宠幸，孔子为儿子取名孔鲤，字伯鱼。

讲评

大家看这一章，不光颜回的父亲想厚葬儿子，他的那些师兄弟也这么想。但是依照当时的礼制，以颜回的身份，本不应该如此奢华排场，一旦开了先例，礼就乱了。所以孔子的态度很坚决，明确地表示不同意："不可。"那些学生觉得老师在这一点上有点薄情，决定不听他的，就先斩后奏，照干不误，最后老师也没脾气了。但孔子还是声明自己的观点，认为这种做法逾越了规矩。

"回也视予犹父也"，意思是我跟颜回之间像父子一样亲，但是"予不得视犹子也"，他的丧事我却迫于这种礼制，不能把他当儿子看。他认为学生们这件事情办得不妥，无奈木已成舟。孔子为什么不能干预呢？因为主办丧事者还是颜回的父亲，再怎么说，老师还是隔着一层，对此不能干涉太多，只能表达一下意见，不能越俎代庖。"非我也，夫二三子也"，这里是在为自己辩解，意思是说我不同意这种做法，是那几个学生一定要做的，如果将来有人对这件事有什么意见，不要怪我。这句话把责任讲清楚，有点撇清的意思。由此可见，人间世的情与礼之间的平衡有多难把握，最后大家还是感情用事了。

克己复礼为仁

颜渊问仁。子曰："克己复礼为仁。一日克己复礼，天下归仁焉。为仁由己，而由人乎哉？"颜渊曰："请问其目。"子曰："非礼勿视，非礼勿听，非礼勿言，非礼勿动。"颜渊曰："回虽不敏，请事斯语矣。"

——《颜渊篇》（12.1）

颜渊请教如何行仁。孔子说:"能够战胜自己的习气、欲望,并将其落实到制度层面,就称得上是行仁了。每一天都能够做到战胜自己,并落实到制度上,那全天下的人都会称赞肯定他的仁德。行仁不是靠自己才能做的事情吗?难道还能靠别人吗?"颜渊说:"请教老师可执行的条目是什么?"孔子说:"不合乎礼的不要看,不合乎礼的不要听,不合乎礼的不要说,不合乎礼的不要做。"颜渊说:"我虽然智慧不是那么高,但一定要照着您说的做。"

再看《颜渊篇》的第一章,这一段实在是太有名了。

"仁"是《论语》中的核心思想,学过《易经》的人对"仁"的理解就不会像一般人那么浅。《易经》复卦(䷗)卦象最底下的阳爻就代表"一元复始,万象更新"的力量,就像果实的种子——核仁,那是核心的创造力。"仁"就是如此。

"仁"首先指人与人之间的关系,"仁为礼本"。其次,"仁"字还指群己关系。再次,还有核心的意思,像果仁,那是生命的种子,最有生命力的部分。第四是"仁"表现了天、地、人三才的概念,即"仁"字左边是"亻"旁,右边的"二"字,上面一横代表天,下面一横代表地。可见,人的爱心不能只用在人身上,还包括敬天畏地等。

"颜渊问仁",是《论语》中比较核心的部分。《论语》中到处都有弟子问仁,孔子给出的每一个答案都不一样,关键要看提问的人是谁,因为"仁"本来就有很多方面的意涵。这些弟子中,只有颜渊问的时候,孔子的答案才最具有代表性。

"克己复礼为仁"，孔子回答说，能够战胜自己的习气、欲望并将其落实到制度层面的就算是行仁了。"为仁"没有为"仁"定义，不是说"克己复礼"是"仁"。"为"字在这里是动词，是"行仁"。孔子认为，"仁"说起来很缥缈、宽泛，所以不能讲，只能做，要在实践中实践仁德，表现爱心，爆发创造力。怎么践行？就是要跟我们与生俱来的欲望、业障天人交战。如果你能够在这样的交战中取胜，就能实现《易经》中复卦的"复见天地之心"，拥有你本性中具备的核心创造力。依照《三字经》的说法，本来是"人之初，性本善"，不需要"复"就能"元亨利贞"的，但是随着人的成长，世俗的习气沾染渐多，环境的熏陶不同，大家才变得"习相远"的。

　　"克己复礼"就是要把实践仁的标准落实到制度上，也就是"礼"上，当然所有的礼都是根据"理"定出来的，《易经》中有履行实践的履卦（☰）。注意，道理的"理"，礼节的"礼"，履行的"履"，都是"敦笃实践"，三个字在古代音同、意同，这就是所谓的"音训"。可见，所有的礼都不是来吃人，也不是来限制人的，它们都是从道理出发，需要大家去履行实践的。人的年龄越大，越能感觉到很多习气、欲望需要超越，只有把坏的习气剥除干净，剥极而复，核心的东西才能出来，那才是真正的"行仁"。孔老夫子对颜回的问题回答得很到位。

　　那到底该怎么行仁呢？"一日克己复礼，天下归仁焉。"意指每一天都能够做到战胜自己并落实到制度上，那全天下的人都会称赞肯定他的仁德。"一日"即日课，就是"终日乾乾"的意思，需要自强不息，每一天都得做。《易经》中有恒卦（☳），一日心为"恒"，这在《论语》中到处都是根据。今天这样做，明天这样做，后天也这样做，每天都要做，日积月累下来就不得了了，功夫就纯熟了，"天下归仁焉"，影响就会很大。"天下归仁"有两种讲法，一个是都称赞这个行仁成功的仁者，把好东西给他，是称赞的意思；另一个"天下归仁"的"归"是"复"的意思，不能只一个人"克己复礼"，还要做好表率，影响天下人都开发自性，统统都"克己复礼"，使得人人可以成佛。"复"跟"归"是一个意思，都是回归基本面，重新反省自己的本来面目，剥除世俗习气的干扰。这样一来，"天下归仁"的影响就很大了，每个人每天都"克己复礼"，最后影响整个社会，整个国家，乃至全天下都"克己复礼"，都复归于"仁"。这种讲法比较宏大，是一个教化的大推广。

另外，"复"和"归"都有反省的意思。《易经》中的讼卦（☲☵）第二爻和第四爻的爻辞中都有"不克讼"，第四爻"不克讼"——败诉之后，要"复即命"，用的是"复"的概念。第二爻则是"归而逋，其邑人三百户无眚"，要钻到地洞之中。二与四同功而异位，都是要复归，"不克讼"之"克"是"克己复礼"的"克"，在没有战胜自己负面欲望拖累的情况下，到底该怎么做？人的理智常常是没法战胜欲望的，所以讼卦的二爻、四爻就告诉我们，人也会跟自己起诉讼，也就是自我批判，你能采取的办法就是"复即命"和"归而逋"。

"为仁由己，而由人乎哉？"意思是，行仁是靠自己才能做的事情，难道还能靠别人吗？论文可以由人代写，管理可以授权别人代管，可"为仁"则完全要靠自己，老师不能帮你，就连再亲近的人也爱莫能助。这里，孔子的回答代表对颜回的重视，认为这个学生问到了问题的核心，问到了关键处，孔子也就倾囊以授。

"请问其目"，既然有这么好的机会，颜渊就进一步请教了："请教老师可执行的条目是什么？"前面讲大纲，纲举目张，还有很多具体的条目。三纲领、八条目不就是《大学》吗？整个修身的网就出来了。"明明德，亲民，止于至善"就叫三个纲领；八条目就是"格物、致知、诚意、正心、修身、齐家、治国、平天下"。颜回锲而不舍，请求老师再讲具体一点。

"非礼勿视，非礼勿听，非礼勿言，非礼勿动。"这四句话是千古名言，被后世理学家奉为圭臬。总的来说，就是不合乎礼的事情不要做。《易经》的大壮卦（䷡）《大象传》称"君子以非礼弗履"，也是说不合乎礼的事情不要做。"大壮则止"，因为"大壮"血气方刚，像发情的公羊一样，容易"触藩，羸其角"，人在年轻气盛的时候，最容易做"非礼"的事情。

总的讲是"非礼弗履"，具体地讲，不能做什么呢？视、听、言、动，这四种不合乎礼的统统都不要做。"克己复礼"，一定要排除负面的干扰，既然是不合乎礼的，视、听、言、动就会受诱惑。我们天天在讲话，在做，在看，在听，要一点一点地消除负面干扰，慢慢就能接近真理。这是教人实践"仁"，要从少接触坏的事物开始。《论语》流传得久了，"非礼"就变成了一个名词。现在的女孩子被骚扰了，就叫被"非礼"。

这里有一个问题，你怎么知道碰到"非礼"的事情不要视、听、言、动呢？肯定是曾经视、听、言、动过，结果挨了巴掌，下一次就不敢再看了。小时候，父母常说，如果总看不该看的东西，眼睛就会长"针眼"，"针眼"是看了不该看的东西长出来的吗？应该不是。但是，小时候听过的这类说法太多，比如不要把脚在人的头上跨过，有时连影子都不行，这样的话别人就会长不高，这种说法有科学根据吗？当然没有。所有这一切，都是因为大人没有办法跟你讲清楚道理，只好设定一些可怕的结果让你不能随便视、听、言、动。

孔子与颜回一来一往的问答很精练，由纲领到条目，由抽象到具体，最后颜回心悦诚服："回虽不敏，请事斯语。"意思是，我虽然智慧不是那么高，一定照着您说的做。我们前面讲过"敏于事而慎于言"，"敏"的意思是根器好，一点就透。

功亏一篑

子曰："譬如为山，未成一篑（kuì），止，吾止也。譬如平地，虽覆一篑，进，吾往也。"

——《子罕篇》（9.19）

白话试译

孔子说："譬如要堆土成山，就差最后那一簸箕土就成功了，如果此时停下来不去添加，这座山就不成功，是我自己造成的半途而废。一块平地上，即使才倒上第一筐土，如果坚持下去，积久了，也会成山，那是我自己要继续前进的。"

讲评

成语"功亏一篑"就来自这章。"譬如为山，未成一篑，止，吾止也"，"一篑"就是一簸箕，就差最后那一簸箕土，如果不去添加，这座山还是不成山，结果半途而废。像挖井，凿井不及泉，没有毅力和恒心坚持到最后，也是功亏一篑，浪费时间，没有成果。还有小狐狸过河，快游到对岸时却淹死了，最终还是归零。

"譬如平地，虽覆一篑，进，吾往也"，即使是平地，如果从开始倒第一簸箕土就决定坚持干下去，每一天就都会有进步，时间一长，山都会出现。

前面是讲人在快要成功的时候千万不要放弃，要坚持突破最后的难关；后面是讲人要勇于迈出第一步。我们一生中很多时候不都是这样吗？学习就更是如此，刚开始时都是三分钟热度，现在任何学传统经典的班刚开始报名的人都比较多，听到最后，有的剩下七成，有的剩下五成，这些人就是半途而废，功亏一篑。要学完，还要学好，这样的坚持真是不容易。其实每个人都有这样的问题，有些事情很难长久坚持。我以前开始学习到后来放弃的东西就多得很，像学太极拳，学各种乐器的弹奏，记录起来有十多项，结果都没有学出来。

语之而不惰者

子曰："语之而不惰者，其回也与（通'欤'）！"

——《子罕篇》（9.20）

白话试译

孔子说："我教给他任何东西，都绝对不会懒惰的人，就是颜回吧！"

讲评

在孔子看来，颜回就是"语之而不惰者"，是有恒心学到底而不会半途而废的人。功亏一篑不就是因为懒惰吗？在孔子那么多的学生中，只有颜回是自强不息的，一点都不怠惰。

孔子说的这句话是不是有弦外之音，让我们觉得颜回以外的学生都是"语之而惰者"？如果我们是颜回的同学，肯定会嫉妒他，吃他的醋。

见其进，未见其止

子谓颜渊曰："惜乎！吾见其进也，未见其止也。"

——《子罕篇》（9.21）

孔子在同别人谈到颜渊时说："可惜他已经死了！我真的是在他活着的时候看到他精益求精，每天进步，从没有看见他停下来过。"

这一章表达的是孔子深深的惋惜。颜渊在学业上，确实不断有新突破、新境界。孔子看学生是最准的，像有些学生会遭遇瓶颈，十年间都不会进步，甚至倒退。但是颜渊天天有突破，"吾见其进也，未见其止也"，只看到他每天都在进步，没有停滞不前。可惜，他在三十几岁就死了，如果他活到七十几岁，那可能会很不一样。孔子觉得真是造化弄人，这么年轻，这么好学，又不在乎任何物质条件，每天都有新突破、新见解，可惜英年早逝。

苗而不秀、秀而不实

子曰："苗而不秀者有矣夫！秀而不实者有矣夫！"

——《子罕篇》（9.22）

孔子说："有幼苗长大了却不开花的情形啊！也有开花了却不结果实的情形啊！"

《孔子圣迹图·职司乘田》

　　鲁昭公十一年（公元前531年），孔子二十一岁时，改任季孙氏管理牛羊的乘田吏。其间，所管牛羊膘肥体健，数量增加。

这一章，孔子说这话时，多半还在伤怀，疼惜颜回这个好学生死得太早，有颜回这种学习精神的好学生实在太少。

"苗而不秀者"、"秀而不实者"，如同一棵幼苗，"秀"是开花，"实"是结果，长大了却不开花，或者开花不结果。《管子》称"十年树木，百年树人"。培育人才需要时间，但总要有成果，不然就太可惜了。

《易经》里的屯卦（☷）代表幼苗刚出土，贲卦（☶）代表花开得很灿烂，五颜六色，结果实就是剥卦（☷），种子下地就是复卦（☷），整个过程也是按照自然的卦序。在植物还是幼苗的时候，我们会觉得它很清新，可这些幼苗是不是将来都会结出果实，都会变得出类拔萃呢？恐怕半途而废的多。孔子栽培学生也是这样，像颜回就是"苗而不秀"，开始还认为这棵幼苗将来肯定能长成大树，但是他还没有开花就夭折了。还有的是，半路放弃，中途退出，没有看到他开花。"秀而不实"，是开花了，但是最后功亏一篑，没有结果实。换句话说，如果用苗圃来比喻一个老师最初所收的那么多学生，到最后真正又开花又结果，能成大器的，还能有种子再继续种下去的，少之又少。

这句话是一个老师对于人才栽培之难的感慨。像颜回这样的人本来是不用担心的，但是老天爷把他带走了！所以，造就英才，需要一关一关地淘汰，有的是自己懒惰，有的是天不假年。我们人生中的很多事情都是这样，面对一圃幼苗，你不能寄望有太多将来是能开花又能结果的。大概在几十年前，台湾的高中课程还有中国文化基本教材的时候，一些语文老师考学生的翻译能力，就翻译《论语》中的这一段，结果把学生考"糊"了。有些高中男学生就翻译成："那些女孩子有的长得很苗条，但是不秀丽的有的是！有的长得很秀丽，但是身体不结实的有的是！"这种翻译应该得一百分，超有创意，孔老夫子大概也会点头不已，真是"颜回转世"，他们怎么能够想到那里去呢？

后生可畏

　　子曰："后生可畏，焉知来者之不如今也？四十、五十而无闻焉，斯亦不足畏也矣。"

——《子罕篇》（9.23）

白话试译

　　孔子说："年轻人是值得敬重的，怎么知道他们的未来不如现在的人呢？一个人如果到了四十、五十这个年龄还没有任何好的声名，也就不值得敬重了。"

讲评

　　这一章是指人对未来永远要有无穷的希望，不能放弃。"后生可畏"就是说，别小看青年人，不要因为过去有很多挫败的经验，就认定这个人未来没有希望。"焉知来者之不如今也"，谁都不知道将来会怎样，所以要抱着信、望、爱的精神，继续好好教导青年人。

　　但是还是要有一个标准，我们培养一个人也不是无限期的，要等待多久呢？一个人能不能够成功，仔细地观察他几年大概也就知道了。"四十、五十而无闻焉"，如果混到了四五十岁还默默无闻，完全是门外汉，没有一定的声望，这个后生也就不值得敬重了。当然，到四五十岁也不能叫"后生"了。

　　孔老夫子讲这些话，在他那个时代给人的压力很大。刚开始去孔门去求学的时候，学生大概十几、二十几岁，他说"后生可畏也"。然后，时间一长，哪一天你再去，他发现你已经四十、五十了，"而无闻焉，斯亦不足畏也"。所以，四十岁这一关，在过去常常是鉴定一个人是不是成功立业的标准。五十是孔老夫子的知天命之年，四十是不惑之年，他也是每十年就有明显的进步。一个人刚开始让人寄予厚望，可是后来你完全没有进步，如同"逆水行舟，不进则退"，等到混到四五十岁，人的意志力消磨，原先的潜力没了，那么就没有人再注意你了，而是把教育资本投到其他有希望的绩优股上。孔子和孟子都把四十岁看成一个大关，孔老夫子说自己"四十而不惑"，孟子则说他"四十不动心"，意思是自己是修到四十岁才摆脱各种欲望的纠缠。

不忮不求，何用不臧

子曰："衣（yì）敝缊（yùn）袍与衣狐貉者立，而不耻者，其由也与？'不忮（zhì）不求，何用不臧（zāng）？'"子路终身诵之。子曰："是道也，何足以臧？"

——《子罕篇》（9.27）

白话试译

孔子说："穿着很破旧的衣服，跟那些穿着皮草衣服的人站在一起，而完全不觉得羞耻的人，就是仲由吧？《诗经》上说：'不嫉妒，不贪求，怎么能不好？'"子路听了，就一天到晚念叨这句话。孔子说："这固然是人生的正路，但是还不够好啊！"

讲评

两个"衣"在这里都是动词，"穿衣服"的意思，"敝"就是破旧。棉袍里面塞的乱麻或旧絮为"缊","敝缊袍"是指破破的、有很多的补丁的棉袍。"狐貉"指皮草。子路就具备这种"贫而无谄"的精神,跟有钱有势的人打交道,一般人很容易自惭形秽,而子路身上就是有股气势在,天不怕地不怕,他与那些人站在一起惭愧的是别人,而不是他。这就是《孟子》里所谓的"浩然之气"。孟子说:"说大人则藐之,勿视其巍巍然。"假如你要去说服一个大人物,不妨先把他看低,不要看他摆谱的样子。如果你看他穿得那么奢华,房子那么气派,仆从如云,自己就先矮了半截,还怎么跟他平等交流呢?

"不忮不求,何用不臧?"这句诗出自《诗经·卫风·雄雉》。"求"就是主动去求,人到无求品自高,当然最好无求。孔夫子"温、良、恭、俭、让以得之",夫子之"求"跟我们的求不一样,他是"不求",别人也会主动来找他。我们通常是求得很苦或者求不得苦。什么叫"不忮"呢?这里也有一些不同的解释。比较中肯的解释就是不嫉妒。而不是那种见不得人家好,见了人家的好东西自己就想生出贪念。

"不忮不求"是好样的,不管是名、是利,都不奢求,属于我的就去争取,不属于我的绝不强求,更不会卑躬屈膝去乞求。

"何用不臧","臧"就是"善",一个人立身行事能够不嫉妒,不贪求,不傲慢,那他做什么都会做得不错,何愁不好呢?"子路终身诵之",子路大概觉得这句话很对他的口味,就把孔子讲的这八个字当成座右铭,一天到晚念叨。其实这么做有点过火,因为"不忮不求,何用不臧",就像"贫而无谄,富而无骄"一样,不是什么太高的境界,是做人最起码的要求,子路却把它当成"无上甚深微妙法",天天诵持。就像佛经每讲完一段,就说要信授奉持,要诵还要持,诵容易,持之以恒难。子路将这八个字"终身诵之"，孔子就要纠正他了："是道也，何足以臧？"这是一种人生的正道，但并没有那么了不起，犯不着天天背诵，要知道人生中要认真学习、奉行的东西还多得很呢！所以孔子说"何足以臧？""臧"也是够的意思，也就是说，不能贪于小成，把"不忮不求，何用不臧"当成立身行事的最高标准，当遇到需要比这个更高的境界的时候，就无法变通，事情就做不成了。

"是道也"，但"不可为典要，唯变所适"，其实从这里我们就能看出子路的命运，他奉行某些观念太执著，最后死于非命，就是因为他不懂变通。子夏说过："大德不逾闲，小德出入可也。"什么是小，什么是大？有时候就是要弃小就大，不能固守，因为有些事物很可能不圆融，有片面性。

各言尔志

　　颜渊、季路侍。子曰："盍各言尔志？"子路曰："愿车马衣裘，与朋友共敝之而无憾。"颜渊曰："愿无伐善，无施劳。"子路曰："愿闻子之志。"子曰："老者安之，朋友信之，少者怀之。"

——《公冶长篇》（5.25）

白话试译

　　颜渊与季路站在孔子身边。孔子说："你们各自说说将来的志向是什么呢？"子路说："我希望做到：把自己的车子、马匹、衣服、棉袍，与朋友一起用坏了而没有一点遗憾。"颜渊说："我希望能做到：不夸耀自己的善行，也不夸大自己付出的辛苦。"子路说："希望听听老师的志向。"孔子说："我希望天下所有的老年人都得到安养，朋友们都互相信任，青少年都得到很好的关怀。"

这一章出自《公冶长篇》，还是关于子路的。有一天，颜渊和子路和孔子在一起，站在孔子身边，孔子一时兴起，就问这两位爱徒，希望他们谈谈自己的志向。

"愿车马衣裘，与朋友共敝之而无憾"，这是子路的志向。每逢老师提问，抢话头的一定是子路，他喜欢出风头，爱表现，另外年纪也比较大，只比老师小九岁，有些时候就没有那么多顾忌了。他说，我希望做到把自己的车子、马匹、衣服、棉袍，与朋友一起用坏了而没有一点遗憾。这种志向是很讲江湖道义的，爱交朋友，不小气，重布施。重什么布施呢？如果有车、有马和有很不错的裘皮大衣，非常愿意与朋友共享。共享最大的风险就是东西很快会被用坏，但子路说对此没有任何遗憾，表明他看重朋友情义超过物质，这跟《礼记·礼运大同篇》里的境界是不是很像？即"货恶其弃于地也，不必藏于己；力恶其不出于身也，不必为己"。车马、轻裘，都是身外之物，把它们收起来，时间久了也是烂掉，为什么不与朋友一起分享呢？

那么，颜渊说的志向呢？颜回没有钱，但他有布施的心，这就是《易经》中谦卦（☷☶）的概念。颜渊属于"劳谦君子"，颜渊的回答是："愿无伐善，无施劳。"意思是说我愿意行善，劳心劳力地帮助别人，可是我绝不夸耀自己的善行，也不夸大自己付出的辛苦。"伐"即夸张渲染，平常所说的"大肆征伐"，就是敲锣打鼓，很夸张的大动作。本来只"施"一点，却想办法夸大，把两分讲成八分。有的人虽然也做好事，也为朋友两肋插刀，但是他一天到晚地讲，仿佛要讨回人家欠他的恩情；或者他做了很多事，唯恐人家不知道，到处宣讲。学佛的人都知道，《金刚经》里就大力批判这种行为，那样行善是不算数的，属"无有功德"；因为你"有所住，而生其心"，而菩萨要你"无所住，而行于布施"。天天都忘不了你帮了谁，又帮了谁，恐怕要倒扣分。颜回知道要修到这种境界不容易，所以他的志向就是"愿无伐善，无施劳"。

子路着急了，颜渊的回答明显更胜他一筹，他于是转而问老师："愿闻子之志。"希望听听老师的志向，看老师的志向是不是比他们高远？孔子被学生逼得非讲不可了，只讲了十二个字。这好像儒门的公案一样，这里讲的志向就更大了，很像《易经》中的同人卦（☲）和大有卦（☲），是世界大同之志。这就是有名的"老者安之，朋友信之，少者怀之"，孔子希望，天下所有的老年人都得到安养，朋友们都互相信任，青少年都得到很好的照顾。这和《孟子》里所描述的"老吾老以及人之老，幼吾幼以及人之幼"属同等境界。这不就是《礼记·礼运大同篇》所描述的大同世界吗？

师徒三人三种境界，一是物质的布施，属于有情有义；一是不管有什么善行，如何劳心劳力，都默默无语（这是菩萨心），属于无私；最后还是老师最圆满，把前两者统统包括进去了，堪称至善。

附：闵子骞其人

闵子骞（公元前536～公元前487年），名损，字子骞，春秋末期鲁国人，小孔子十五岁，孔门十哲之一，以德行与颜回并称。他为人所称道的是其纯孝，为历史上的二十四孝之一，孔子称赞说："孝哉，闵子骞！人不间于其父母昆弟之言。"明朝编撰的《二十四孝图》中，闵子骞排在第三，是中华民族文化史上的先贤人物。

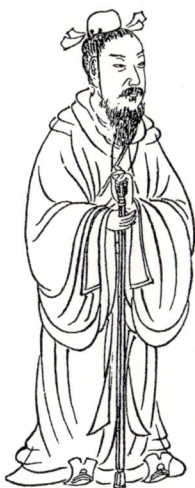

闵子骞崇尚节俭，鲁国要扩建新库房，征求他的意见时，他批评说："原来的库房就很好，为什么再劳民伤财去改造？"孔子赞成他的意见，赞扬说："这个人平时不乱说，讲出话来就非常中肯。"

季桓子想聘请他当费邑宰，管理费地。起初闵子骞不同意，对来人说："好好给我辞去这个职务，如果再来，我就离开此地到汶上去（暗指离鲁奔齐）。"可是后来经孔子劝说，还是任了费宰，他治理费地很有成绩，但看不惯季氏行为，最后还是毅然辞职。由此可以看出闵子骞刚正不阿的品格。

真正令闵子骞名传千古的是他的孝行故事。除《论语》的记载外，司马迁的《史记·仲尼弟子列传》、宋元时期的《闵子骞单衣记》等都对闵子骞的孝行有所记录或赞誉。元代郭居敬编的《二十四孝》和明朝编撰的《二十四孝图》，均将闵子骞的故事列为第三篇，标题是《单衣顺母》，亦即俗称的"鞭打芦花"，文曰："周闵损，字子骞，早年丧母。父娶后母，生二子，衣以绵絮；妒损，衣以芦花。父令损御车，体寒，手无法握住缰绳。父查知故，欲出后母。损曰：'母在，一子寒；母去，三子单。'母闻，悔改。"闵子骞由此被奉为历史上最为孝顺的二十四个典范人物之一。孔子听说了以后，对闵子骞极力赞赏，他说："孝哉！闵子骞，人不间于其父母昆弟之言。"

历代帝王因闵子骞的德行高尚，对其屡有追封：唐朝追封"费侯"，北宋封"琅琊公"，南宋又称"费公"。

《孔子圣迹图·学琴师襄》

　　孔子曾向鲁国乐师师襄子学琴，他连续十天弹奏所授琴曲。师襄子对他说："可以学习别的乐曲了。"孔子说："我还没有掌握弹奏别的乐曲的技巧呢。"又过了十天，师襄子说："可以学习别的乐曲了。"孔子说："我还没有领悟到作者的志向呢。"又过了十天，师襄子说："可以学习别的乐曲了。"孔子说："我还没有探寻到作者的人格和胸怀呢。"又过了十天，孔子说："除非周文王，谁能做出这样的曲子呢？"师襄子离席而拜说："你真是圣人啊！此曲正是《文王操》。"

第五章

上一章讲到"颜渊、季路侍"非常有名的那一段，师生三人各讲自己的志向抱负，境界层层提高，对颜渊和子路我们就可以有比较透彻的认识了，他们的志向在境界上是有差别的。我们拿他们跟禅宗五祖、六祖和神秀那三首偈的不同境界相比较，就更清楚了，甚至还可以与《礼记·礼运大同篇》相比较，那是很有味道的。

还有四位孔门大贤是我们接着要谈到的中心人物。一个是子贡，他是孔门弟子中最有钱的，也是最能干的学生，经商、从政、搞外交都堪称一流。还有一个就是冉求（冉有），从政也是一把好手，但他之所以特别有名，一方面是因为孔子多次称赞他政事处理得漂亮，另一方面是他似乎不太能抵御权力的诱惑，人品不过关，为了获得政治权力，做了很多违反孔门教诲的事，所以到最后，冉有险被逐出门墙，孔子还要求弟子们"鸣鼓而攻之可也"。过去常讲"内圣外王"，子贡与冉有都是在"外王"方面很有一套的能人，我们要特别介绍与他们相关的一些篇章。

还有两位就是有若、曾参，除了《学而篇》中我们看到的那些以外，有关他们的言行还散布在其他篇章里，有若的很少，曾参的则比较多。

从我于陈蔡者

子曰："从我于陈蔡者，皆不及门也。"

——《先进篇》（11.2）

白话试译

孔子说："当时跟我一起在陈蔡流亡的大弟子们，如今都不在身边了。"

讲评

好，我们再看《先进篇》中相关篇章，"先进"如今已经变成中华民族的常用词汇，常常听说某某"先进"。这一章是孔子因怀念学生而发的一个感慨。这些学生当时曾与老师共患难，孔子"陈蔡绝粮"时，师生们曾一起饿过肚子，沿途还常遇追兵和各种劫难。

孔子周游列国时的陈国与蔡国都在现在的河南省，那时的陈、蔡之地属穷乡僻壤，条件很艰苦。现在的淮阳有伏羲墓，淮阳就是当年的陈国一带，当年包公陈州放粮也在那里，我们1998年去的时候，内地的改革开放已经十多年了，当地还是很落后。

流亡共患难的经历让孔子记忆犹新，当时跟从他一起受苦受难的流亡在陈蔡的弟子"皆不及门也"，都不在身边了，各人有各人的生活、工作、遭遇等，几个重要的角色都不在身边了，孔子很怀念这些当年与自己患难与共、不离不弃的弟子们。

再说孔门十哲

《先进篇》第三章是一个同学录，十位有名的孔门弟子，他们各有专长，是分科系的，被称为"孔门十哲"，当然，这十位都属七十二贤人。这在前文已详细讲过。我这里再强调一下。

孔门的学生的学有专长，像分科系一样，有德行科、言语科。德行科就不说了，在前文讲得很多了。言语科的人擅长外交，口才很好，懂得话术，善于临机应变、揣摩谈判对手的心理；另外，对形势的分析也很到位。就像后来的纵横家一样，苏秦、张仪之流就是靠言语吃饭的。我们常常讲所谓的外交辞令，就是看会不会讲话，以及所讲的话能不能发挥实际效用。

政事，就是行政。文学不是文艺创作，而是经典文献的承传。关于文、艺二字，在古代经典常出现，但常被一般人想当然地把"艺"当成艺术，把"文"当成文学创作。学过《易经》的会比较清楚，文艺都是大文章、大本事，是治国平天下的本事，经纬天地之学，就像《易经》中的《文言传》的"文"，噬嗑卦（䷔）和贲卦（䷕）的文章，那是实践的学问见识，不是光会写就成。"艺"是古代的六艺——礼、乐、射、御、书、数，跟艺术没有关系，那时以六艺教学，都是实用的立身行事、管理众人之事的本领，跟现在的绘画、音乐、雕刻、建筑无关。所以不要用现代的概念以讹传讹，把原来的意思弄没了。依经解经是了解经典的正法，经典自有解释，读书不求甚解，就会偏离原意。

另外，孔门十哲中，最标榜的还是德行操守，是重点中的重点。儒家是以实践为要义的，知行合一，行为很重要，那是大本，所以有德行第一之说。第一名是颜渊没有问题，看来那些学生编《论语》的时候，即使孔子过世了，对颜渊还是很服气。颜回第一，闵子骞第二，第三是冉伯牛，第四是仲弓。

言语科中的子贡排第二，排在子贡前面的居然是宰我，那个睡午觉的，名字也很妙——杀了我吧，好像是自我如果没有主宰，就待人宰割。但是宰我的口才很厉害，才会把老师糊弄住，后来才发现会讲话的不见得是真的。子贡的外交才干大大有名，司马迁也是心向往之，把子贡当时在国际外交上演出几乎全盘描述，《史记·仲尼弟子列传》中，子贡就占了很大的篇幅。有一年，齐国欲兴师鲁国，鲁国上下惊动。为解除困难，孔子派子贡去齐国游说。子贡不辱使命，挑起了吴齐两大国之间的战争，这就是"止吴霸越，乱齐存鲁"。那一次外交的斡旋，发挥了他作为国际大商人的影响力，完成得很漂亮。所以，他的外交才干绝不比苏秦、张仪差。这也表明孔子有识人之明。

政治科有子路和冉有。子路是实干型的政治家，这个人也很可爱，虽然最后死于非命。还有就是冉有，最后差点被逐出门墙，但是有政治才干是事实。

文学科中的子游不是很出名，子夏是传经典的重要角色，孔子死了之后，《春秋》、《易经》这两部最重要的经典主要就是从子夏一脉传下来。

升堂入室

子曰："由之瑟，奚为于丘之门？"门人不敬子路。子曰："由也升堂矣，未入于室也。"

——《先进篇》（11.15）

白话试译

孔子说："由所弹奏的瑟声怎么可能是出自我的门下呢？"其

他同学听到这话就不尊敬子路了。孔子说："由的音乐修养已经达到登上大厅的程度了，只是还没有进入深奥的内室罢了。"

讲评

"丘"是孔子自称，别的人是不敢这样称呼他的。那时讲到至圣先师，绝对不能直呼其名。《论语》里只有孔子用"丘"称自己，不会叫自己仲尼。因为称呼人的字是表示尊敬，称名只是自己谦称或者老师、尊长才可以用。《论语》中很多地方孔子讲到自己，就是"丘"，后来孔子在中国历史上获得了崇高的地位以后，大家觉得直呼圣人的名字不太好，可是又不能改，就把"丘"换成另外一个字，即"丘"字下面去掉一横。

"由"是仲由，也就是子路，子路性情刚猛，好勇斗狠，一出来就杀气腾腾。以前的知识分子都得学会弹奏乐器，还要懂得音乐鉴赏。春秋时曾有个乐坛高手季札，是吴国的公子。大家可能在小学时听过关于他的故事。有一次，季札出使鲁国时经过徐国，顺便去拜见徐君，季札是吴国的贵公子，文化修养比较高，还有很高的音乐造诣，"季札论乐"非常有名。徐君一见到季札，就被他的气质涵养所打动，两人谈得十分投机。徐君注视着季札端庄得体的仪容与着装，突然被他腰间的那把佩剑吸引住了。在古时候，剑是一种装饰，也代表着一种礼仪，无论是士子还是将相，身上通常都会佩戴一把宝剑。徐君虽然心里喜欢，却不好意思说出来，季札一下就看透了徐君的心思，内心暗道：等我处理完国事，一定回来将这把佩剑赠送给徐君。在他看来，好的东西能被有鉴赏力的人拥有才是最妥帖的。为什么当时没把佩剑给徐君呢？因为季札还要代表吴国出使访问，佩剑对他还有用处，暂时还不能相送。可是，等季札出访回来的时候，徐君已经死了，季札却依然遵守内心的承诺，把那把佩剑挂在了徐君墓旁的树上。这是一个非常有名的故事。

可见，当时所谓的"六艺"——礼、乐、射、御、书、数，是当时知识分子的必修课，是很重要的文化修养。子路也通琴瑟，并不是一个大老粗，可是他鼓瑟的声音总让人听着带有杀气，没有"中正和平"的味道。老夫子当然不会喜欢，他的弟子怎么会弹出这种声音呢？其实这是一个人本性的流露，无论怎么教化都很难掩藏的。其他学生听到老师骂子路了，加上平时喜欢看老师的脸色行事，马上就不尊重他们的大师兄了。子路的年龄跟孔子相差不到十岁，但是"闻道有先后，术业有专攻"，对老师的尊敬、爱戴，他与其他弟子一样。孔子见同门的师弟们见风使舵有点过火了，决定出面给子路平反，帮他平衡一下，就说："由也升堂矣，未入于室也。"这句话很有名，"升堂入室"是一个比喻，就是把学问比作厅堂，能"升堂"就已经是了达到一定的境界，只是还没有探究到最精微、深奥的部分，必须入室才意味着真正地深入。我们说的"入室弟子"，就是可以传衣钵的学生。颜回如果没死，多半就是这种衣钵传人。那"升堂"呢？尽管还只是在外面的大堂，但至少已经入门了。孔子的这句话主要是针对那些见风使舵的学生说的，提醒大家不能用这种态度待人。仲由的境界已经升堂了，只是还没有入室，至于你们这些不尊重他的人，根本还没有入门，还在庭院外头呢。读到这里，我们都要认真想想，自己是不是也常常道听途说，人云亦云地批评别人？有没有逞口舌之快，搬弄是非的时候？

可见，学问步步深，对事情的了解也是步步深，入室外边的是升堂，升堂外面还有在庭院的，庭院外面还有没入大门的……越在外面的越外行，有什么资格批评比自己内行的人呢？还有，看尊长、老板的脸色决定自己的态度也是一般人常犯的毛病，并不见得真有见地。

《孔子圣迹图·太庙问礼》

　　孔子曾在鲁国太庙做助祭。其间，遇到不明白的问题就问别人。有人说："谁说陬邑大夫的儿子懂礼呢？他在太庙里什么事都问别人。"孔子听到后说："不懂得东西就问别人，这就是礼啊！"

鸣鼓而攻之

季氏富于周公，而求也为之聚敛而附益之。子曰："非吾徒也，小子鸣鼓而攻之可也。"

——《先进篇》（11.17）

白话试译

季氏的财富已经超过了周公，可是冉求仍然替他搜刮敛财，更增加了他的财富。孔子说："冉求不再是我的学生，同学们可以到外面敲着鼓去批评他。"

讲评

这一章讲冉有为虎作伥，他就是因此差点被逐出门墙的。孔门最不能接受助纣为虐的人，绝对不允许知识分子牺牲根本原则帮人做坏事。冉有很有政治才干，肯定想找个好的老板来依靠，而好老板不见得有那么多。冉有可能难以抵御名利的诱惑，明知老板的做法不对，他既不劝谏，也不辞职，还帮着敛财，那不是典型的"学成文武艺，货于帝王家"吗？牺牲原则变成御用文人，或者帮人做文化打手，这在老夫子看来是绝对不可以的，他认为这个原则一定要讲清楚，就发动同学一起去批判冉有。

"季氏富于周公"，周公是武王的弟弟，整个鲁国都是周公的封地，只是他并没有就任，一直在中央辅政，虚领封地，换句话说，他绝对不会不富有。可是鲁国到了孔子那个时代，权臣当政，连鲁国的国君都受到了挟持。季氏虽然只是大夫，却很跋扈，搜刮了很多钱财，竟然比周公还富，这和他的社会地位是不相称的。可见，他的财富来路不正，而冉求不知反省，却一直辅佐季氏，利用自己的行政能力就地取材，为他的老板锦上添花。孔子受不了了，骂他"非吾徒也"，就要把他赶出去，这就叫逐出门墙。在当时，被老师开除是不得了的事，孔子认为所有学生都得明白老师为什么反应这么激烈。这在《孟子·离娄篇上》中讲得更详细："求也为季氏宰，无能改于其德，而赋粟倍他日。孔子曰：'求非我徒也，小子鸣鼓而攻之可也。'由此观之，君不行仁政而富之，皆弃于孔子者也，况于为之强战？"

"小子鸣鼓而攻之"，"小子"是指你们这些年轻人，孔子对冉有的行为深恶痛绝，命令其他学生一起声讨冉有。以前的声讨真的是要鸣鼓的，意在公告天下，某某与某某从此一刀两断。换做现在，可能就是在媒体上发表声明，发动舆论攻势，当年就是直接让学生们大张旗鼓去批判。"攻"就是声讨。如"攻乎异端，斯害也已"。对于"攻"字，一般的解释也是错的，把"攻"字当成专攻什么学问，不容忍异端，总认为自己对，让别人只能研究自己的学问，不可以研究其他的，这也太小气了吧？天下的学问本来就是一致百虑、殊途同归的，哪会那么小气？后来宋明理学家把"攻"字解释成专攻，说"攻乎异端"是专门去研究异端的学问、非儒门正统的学问。这样的解释完全背离了文意，意思应该是，声讨和你不一样的学术，是没有风度、不包容的表现。这个"攻"就是"小子鸣鼓而攻之"的"攻"。

柴也愚

柴也愚，参也鲁，师也辟，由也喭。

—— 《先进篇》（11.18）

白话试译

高柴生性愚笨，曾参生性迟钝，子张生性偏激，仲由生性鲁莽。

这一段很有趣，又是老师对同学的评语，没有比老师更了解自己学生的了；孔子评价他的四个高徒，简直像在念诗，一个人给出一字评语。"由"是仲由，"师"是子张，我们后面会谈到。"参"是曾参，曾子；"柴"，字子羔，姓高，他的后人现在就姓高，我们曾在曲阜见过他的后人，他们两千多年来从没有离开曲阜，像是在帮孔老夫子守墓。做到这一点很不容易，就像守耶稣的圣殿骑士团一样。曲阜孔府的孔子学会有个老先生叫高景鸿，到现在我们每年还通明信片，他是当地的老土著，我第一次带学生去曲阜的时候就请他做的介绍，我在他身边还好，其他学生根本听不懂他在讲什么，因为他是典型的山东腔。高柴也是七十二贤之一，《史记·仲尼弟子列传》中也有他，只是他脑筋不怎么灵活，但他忠心耿耿、敦厚老实。曾参以孝顺为名，秉性鲁，就是有点鲁钝，人也比较敦厚，山东刚好也称齐鲁，"鲁"到底是缺点还是优点，还很难讲。

"师也辟"，"辟"就是比较偏激，等将来看子张的言行就知道，他好说大话，跟同学的关系也不太好，很多同学都受不了他。《论语》中还有《子张篇》，他喜欢讲话，也喜欢问问题，就是生性"辟"，比较偏激，完全不是走中道的路子，这个个性孔子一眼就看出来了。"由也喭"，由就是仲由（子路），"喭"就是鲁莽，不是很有涵养。子路喜欢逞强，这种刚直的精神有很多时候也有点过头。孔老夫子把这四个学生都评价了一遍，虽然只有一字，却高度概括了这些弟子的个性。

记得以前，每年春节我们都要去给老师拜年，回来的路上常常会经过温州街的一个巷子，有个老人家刚好住在巷口，每年都贴春联，当年老人就借春联批评当时的台湾领导人，春联上的典故就出自这里，其上联是"弄权得意愚且鲁"，下联是"处势无能老而痴"。我们看了他的春联，哈哈大笑，大家都知道他在讲谁，"处势无能"，大权在握却无能，搞得两岸关系紧张，岛内族群矛盾加剧。"老而痴"，那个时候这位领导人已经七十好几了，现在是往九十走了。老人家把这种对时局的看法写成春联贴在那里公告给行人，其实也是在表示无声的抗议，很有意思。有一年陈水扁上台了，他贴的春联写的是五个字："变天不足惧，乱政最堪忧。"后来这家的大门就变成了我们心目中的一景，每年给老师拜年的时候都绕道到那边去看一看。世间很多事情就是这样，能干的人跛扈一点尚可忍耐；最怕的是既跛扈又无能；还有"愚而诈"的，他认为自己可以耍诈，其实笨得要死，那点小心思别人一眼就看透了。

亿则屡中

子曰："回也其庶乎，屡空。赐不受命而货殖焉，亿则屡中。"

——《先进篇》(11.19)

白话试译

孔子说："颜回的修养差不多已经接近最高标准了，可是常常穷得一文不名。赐不接受命运安排，自己经营生意，财富越来越多，预测涨跌都很准。"

讲评

这一章比较重要，是孔子直接把颜回与子贡进行比较。

"屡空"两个字好玄，只给出两个字的点评。"赐"是子贡的字，大家注意，古代人的名和字是有关联的，子贡的名字叫"赐"，

"赐"是上对下，"贡"是下对上，一个人的名和字就包含了上下关系的互动，这个名和字对有才干的子贡来说特别贴切。生意要做得大，就要懂得和气生财，有赐有贡，上下都得打点。《史记》的《货殖列传》很值得看，司马迁把古代社会影响力很大、富可敌国的商人编入列传。后来所谓的"士农工商"的观点，把商人排得比较低，其实商人里豪杰之士并不少。像吕不韦，就是弃商从政，敢于隔代押宝，散尽家财，到最后居然当上了当时天下第一大国秦国的丞相，这完全是无中生有的本领。还有范蠡，也是由政入商，最后又能功成身退。子贡的本行是个成功的商人，但他在内政、外交方面也有杰出表现。所以，有些治事的能力是相通的，就像《易经》和《孙子兵法》，都可以直接用在现在的企业管理中，完全没有障碍，无非都是管理众人之事。

不管是作为一个政治人物，还是作为一名成功的商人，都要有很强的能力，就是"亿则屡中"。亿就是预测，在《易经》中震卦（䷲）的第二爻称"震来厉，亿丧贝。跻于九陵，勿逐，七日得"。"亿"作为预测的意思，和"臆测"的"臆"相比，意思相差很远。"臆"字味道太弱，有乱猜、假想的意味，"亿"则是很准确的，就是《易经》的高瞻远瞩，对未来形势的判断非常准确。子贡对行情的判断，"亿则屡中"，准确率非常高，这样他才能不断地利上滚利，像生殖繁衍一样，财富越来越多，这就是"货殖焉"。"亿则屡中"不仅限于经商的成功，在人生的任何阶段、社会的任何领域，这种预测能力都很重要。

什么叫"不受命"呢？"不受命"有两种说法，一是指做官就得接受长官的命令，这样就要受束缚，如果自己做老板，自己创业，就不必受这份鸟气，这就是"不受命"。二是"不认命"的意思，靠自己的本领打天下，自强不息，不认为人一定要接受命运的安排。两个意思都对。

"回也其庶乎"，意思是颜回差不多已经接近最高标准了，《易经·系辞传》中也说："颜氏其子，其殆庶几乎，有不善未尝不知，知之未尝复行也。""庶几"的意思就是还不是百分之百，但是已经很接近了，差不多就要成形，很接近真理了。

关于"屡空"，过去大致有两种解释，一种是指一种思想修为的境界，有点像佛家讲的"无我"，放空自己，没有成见，任何学问都能吸纳。另外，"无我"就没有私心，就是《礼记·礼运大同篇》所说的"货恶其弃于地也，不必藏于己；力恶其不出于身也，不必为己"。颜回能放空自己的心胸，所以才会安贫乐道。这种讲法很接近道的境界。另外还有一种解释则更实际，就是颜回口袋里经常空空如也，没钱！因为这是两个学生的对比，摆在一起看，其实也有道理，一个是最穷的学生颜回能安贫乐道；一个是最富有的子路判断行情准确。两个学生，老夫子都肯定。

附：伯牛其人

冉耕（约公元前 544 年~？），字伯牛，春秋鲁国人，比孔子小七岁，在孔子弟子中，以德行与颜渊、闵子骞并称，与冉雍（仲弓）、冉求（子有）皆在孔门十哲之列，世称"一门三贤"。

伯牛为人端正、正派，善于待人接物，因恶疾早逝，孔子哀叹其"亡之，命矣夫！"（《雍也篇》）曾随孔子周游列国，广施教化，为人所敬。作为孔子的弟子，在孔门中以德行著称，有很高的威望。《史记》载："孔子曰：'受业身通者七十有七人'，皆异能之士也。德行：颜渊，闵子骞，冉伯牛，仲弓。"孔子对冉子十分器重，鲁定公十年（公元前 500 年），孔子由中都宰晋为鲁司空，冉耕继孔子任中都宰，以德惠民，以仁施政，政绩显著，深得民心。所治之地，"路无拾遗，器不雕伪"，"而西方之诸侯则焉"。因冉耕为政有道、治理有方，所治中都成了其他诸侯国学习的榜样，并受到孔子的高度赞赏。

孟子门人公孙丑认为冉耕大致接近孔子，只是没有孔子那样博大精深。后来冉耕得了重病，孔子去看他，伤心地叹道："亡之，命矣夫！斯人而有斯疾也！斯人而有斯疾也！"语气中十分惋惜伯牛英年早逝。

冉伯牛去世后，故乡冉家庄修祠修庙，以示纪念。从唐至宋，伯牛多有封号，先后被封为"郓侯"、"东平公"等。

冉耕字伯牛鲁人赠
郓侯

第六章

季路问事鬼神

季路问事鬼神。子曰："未能事人，焉能事鬼？"曰："敢问
死？"曰："未知生，焉知死。"

——《先进篇》（11.12）

白话试译

子路请教孔子该怎么事奉鬼神。孔子说："还没能很好事奉活着
的人，怎么能事奉好死去的人？"子路又问："斗胆请教老师死是怎
么回事？"孔子说："还没明白活着的道理，怎么能明白死后的道理。"

讲评

这一章还是出自《先进篇》，是关于子路的，这一段非常有名。
子路问孔子关于鬼神的问题。后代有些学者对这一问题的解释有些
狭隘，就这个问题轻易给出的判断也不够恰当。很多时候，对中国
传统文化的理解差一点，就会差很多；就算是学者，如果不是真正
的学有专精、深入理解，那么就对很多问题的理解、阐释不到位。

《孔子圣迹图·大夫师事》

　　鲁国大夫孟僖子对儿子说："我听说圣人的后人必有通达的贤者。孔子是圣明的成汤之后，又年少好礼，是通达的贤者。我死后你们务必拜他为师。"其子孟懿子、南宫敬叔投孔子门下，成为孔子的学生。

子路问事鬼神，孔子不直接回答他，而是反问他："未能事人，焉能事鬼？"在孔子看来，"事鬼神"不是重点，重点还是今生今世，能把当下的事情做好就很不容易了，想那么多虚玄的事情干吗？孔子这么说，当然不是在否认鬼神的存在，而是说就算是鬼神存在，你又能怎样？人间世的事情都搞不定，还经常与别人发生冲突，哪有什么心力去事奉鬼神呢？人间世最大的事情就是管理众人之事，当时有那么多纷争，那么多人死于战争或斗争，包括子路本人就是如此。在管理众人之事这方面有很多的问题需要改善，鬼神的事情太遥远。这就是当时儒家的基本处世态度。

　　但子路还不死心："敢问死？"又问孔老夫子对死亡有什么看法？人的生死都是大事，不过老夫子还是没直接回答他，而是继续反问："未知生，焉知死？"意思是说，在"生"这个阶段，还存在着那么多的问题需要花心思去改善，现在去想死后的事情干什么？大家注意孔子的语气："焉知死？"这是孔子通过反问的方式对学生关注重点的调整。他并不认为人不要了解死，不要事鬼神。孔子十分重视祭祀，祭天也好，祭地也好，这些祭祀活动都是在事鬼神。学过《易经》的人就更清楚了，孔子对天、地、人、鬼神一切宇宙间有形、无形的存在从来没有断然否认过。他这样问的目的只是要让学生明白，人活着，重心应该放在哪里。而且，很明显，生和死、人与鬼是互相关联、彼此互动的。可我们目前还活在人间世，真正的重点是当下活着的态度。人的本分还没有尽好，就急着去探讨死后的事情，岂不是本末倒置？

　　当然，人从哪里来，最后到哪里去，这些生前死后的问题可以探讨，但是，重点是当下，一定要搞清楚，不能逃避，如果你"生"的那部分存在很大缺陷，或者说对"生"的了解很有限，就不可能真正明白死是怎么回事。因为生死、人鬼之间密切相关，就像《易经·系辞传》中的"原始反终，故知死生之说"，以及"精气为物，游魂为变，是故知鬼神之情状"。《系辞传》直接承孔子思想而来，所以我们不能只凭师徒之间的一问一答就下定论，说孔子只关注现实人生，其他领域统统不闻不问，这未免太轻率了，和断章取义有什么区别？

另外，单就这个回答来看，孔子对生死问题的态度正确吗？当然很正确。就算鬼神都存在，人最重要的不是事人、知生吗？人生在世这一辈子是最重要的，就算是有下辈子，你的下辈子如何，也跟你这一辈子的修为有关。务实就是如此，孔子知道死生之说，也知道鬼神之情状，但是更知道人生是有重点的。在人心不稳、价值紊乱的时代，人常常是不事人，专事鬼，不了解生，专门去探讨死。如果是这样，那就早点归西吧！大家读《中庸》，会发现那里面很多内容也跟孔子有关："洋洋乎！如在其上，如在其左右。"就是从正面探讨鬼神，肯定鬼神的存在，承认举头三尺有神明。

通过师生之间的互动也很能看出一个人的个性，像颜回，问题就很少，凡发问，必是精要，而子路则一天到晚问问题，而且问题类型很多，显得有点多嘴饶舌。

闻斯行诸

子路问："闻斯行诸？"子曰："有父兄在，如之何其闻斯行之？"冉有问："闻斯行诸？"子曰："闻斯行之。"公西华曰："由也问闻斯行诸，子曰'有父兄在'；求也问闻斯行诸，子曰'闻斯行之'。赤也惑，敢问。"子曰："求也退，故进之；由也兼人，故退之。"

——《先进篇》（11.22）

子路问："我们听您老的教导，懂得了一个做人做事的道理，马上就要去做吗？"孔子说："你还有父亲和哥哥在，怎么能听到可以做的事就马上去做呢？"冉有问："懂得一个做人做事的道理马上就去做吗？"孔子说："懂得了就要赶快去做。"公西华说："子路请教听到该做的事就马上去做吗，老师说有父亲与哥哥在要慎重；冉求请教听到可以做的事就去做吗，老师说马上就去做。我感到很困惑，冒昧请教您，这是怎么回事？"孔子说："冉求做事比较保守，我就鼓励他往前走；仲由做事容易冲动，我就往后拖他一下。"

这一章是因材施教的典型范例，意思很明了。

子路是典型的行动派，喜欢身体力行。"闻斯行诸"，"闻"不光是"听"，还有领悟的意思。像佛经一开始都说"如是我闻"，佛经是阿难根据记忆写下来的，光靠记忆不可能一字不差，他是消化吸收后才记下来的，所以"闻"也是"懂"的意思。不只是参加法会，就能"闻"了，只有消化并吸收，才是"闻"。子路问："我真正懂了一个道理，是不是马上就可以实践呢？"

"父兄在，如之何其闻斯行之"，孔子回答说不行，因为父兄还在，不可以专擅、想做就做。孔子的回答意在提醒子路行动要审慎，因为子路的个性冲动，不会考虑后果。

冉有也问同样的问题，孔子的回答很干脆："闻斯行之。"就意思是，你懂了，就去做。很显然，对同样的问题孔子给了两个答案，而且看起来是矛盾的。第三个学生公西华在旁边听迷糊了，同一个问题怎么能有两个不同的答案呢？

"求也退，故进之；由也兼人，故退之。"孔子真的是太了解自己的学生了，要知道因材施教，哪能有标准答案呢？冉求虽然有政治才干，但是他比较审慎、保守，遇事犹疑不决，所以孔子就鼓励他马上就去做。"由也兼人"是指子路容易冲动，所以孔子希望他不要马上就做，最好跟父兄商量商量再说。

这就是孔子的因材施教。面对同样的问题，人的思维不是平面的，而是立体的。面对不同的人性、人情，以及学生的根器、资质，甚至当时的环境，都要考虑进去，因人因事、因时因地制宜，没有标准答案，这就是《易经·系辞传》所说的"不可为典要，唯变所适"。

另外，关于"由也兼人，故退之"，韩愈的字就是"退之"，因为他名"愈"，"愈"的意思是表现很优秀，超过别人，那就得在另一个方面压一压，名"愈"，字就叫"退之"，这样一来就平衡了。中国人，有名有字，字与名之间有一定的关联，是用来调节平衡的，这非常有趣，这本身就是一阴一阳之道，像一个太极图。诸葛亮，名亮，有点刺眼，字就曰"孔明"，一孔之明，没那么亮了。

子畏于匡

子畏于匡，颜渊后。子曰："吾以女（通'汝'）为死矣。"曰："子在，回何敢死？"

——《先进篇》（11.23）

白话试译

孔子在匡这个地方曾被群众围困，颜渊后来才赶到。孔子说："我以为你遇害了呢？"颜渊说："老师还活着，我怎么敢先死呢？"

　　孔子在周游列国的时候很凶险，曾在匡地被包围，因为孔子长得像阳货，阳货是季氏家臣，季氏是鲁国的权臣，阳货是季氏家的权臣，是当时炙手可热的人物，阳货曾经欺压过匡地百姓。孔子最后靠人帮忙才得以解围，结果弟子们都失散了。这些故事在《史记·孔子世家》中有详细的记载：

　　将适陈，过匡，颜刻为仆，以其策指之曰："昔吾入此，由彼缺也。"匡人闻之，以为鲁之阳虎。阳虎尝暴匡人，匡人于是遂止孔子。孔子状类阳虎，拘焉五日，颜渊后，子曰："吾以汝为死矣。"颜渊曰："子在，回何敢死！"匡人拘孔子益急，弟子惧。孔子曰："文王既没，文不在兹乎？天之将丧斯文也，后死者不得与于斯文也。天之未丧斯文也，匡人其如予何！"孔子使从者为宁武子臣于卫，然后得去。

　　在《论语》中，记载得就很精简，因为这些经历当时的孔门弟子都很清楚。大家在失散之后重新聚在一起，颜回最后一个赶到，孔老夫子特别担心他，"吾以女为死矣"，女就是"汝"，以为他已经死于兵荒马乱之中了，因为他一直认为颜渊可能是将来自己的道统传人。这是孔子的真情流露，他实在是太担心颜回了。颜回回答说："老师还活着，我怎么敢先死呢？"这个回答也是对老师的真情实感，可是后来他还是先死了。

大臣与具臣

　　季子然问："仲由、冉求可谓大臣与？"子曰："吾以子为异之问，曾由与求之问。所谓大臣者，以道事君，不可则止。今由与求也，可谓具臣矣。"曰："然则从之者与？"子曰："弑父与君，亦不从也。"

白话试译

季子然问："仲由、冉求称得上大臣吗？"孔子说："我还以为你问别的呢，原来问的是仲由与冉求啊。所谓的大臣就是要以正道来服侍君主，行不通就辞职。现在由与求二人，只能算凑数的臣子。"季子然说："那么，他们是不是事事都听老板的呢？"孔子说："遇到老板杀父亲与杀君主的事，他们是不会顺从的。"

讲 评

这一章讲到的冉求和子路，在别人眼里都很有政治才干，就连鲁国的权臣季氏家族的子弟季子然都有耳闻。

大臣是具有大人之德的臣子，今天我们只能用"大臣风范"来形容了。古代的大臣是要具备很多条件的，要有教养，不是在台上蹦蹦跳跳、轻浮地讲几句话就可以了。季子然问孔子这两个人是不是合格的大臣，是不是有古之大臣之风范？

子曰："吾以子为异之问。"孔子说："我还以为你问别的呢。"要知道，"所谓大臣者，以道事君，不可则止"，古之大臣的规格是很高的，他们都是坚持原则的知识分子，是用"道"去辅佐国君的，一旦发现国君违反道，他们马上就辞职不干，绝不会为一己之私利而牺牲原则。现在的仲由与冉求还没这个素养，做不到这一点。

"今由与求也，可谓具臣矣"，"具臣"，凑数的臣子，就是备数之臣，可以说是要有这样的人做事，但他们不可能坚持原则，更没有影响上司的能力。

"然则从之者与"，季子然还是不死心，又问："既然这样讲，他们是不是事事都听老板的呢？""从"就是听从，只敢说"yes"，不敢说"no"。因为很多人珍惜自己的官位与既得利益，不敢劝谏老板，对老板一味听从。

"弑父与君，亦不从也"，一旦发展到臣弑其君、子弑其父这种违背人伦的地步，他们两个是肯定不会再跟着老板做事的，这也是孔子对学生最起码的要求。

子路使子羔为费宰

子路使子羔为费（bì）宰。子曰："贼夫人之子。"子路曰："有民人焉，有社稷焉，何必读书，然后为学？"子曰："是故恶夫佞者。"

——《先进篇》（11.24）

白话试译

子路推荐子羔去担任费城的县令。孔子说："你这样做会害了他。"子路说："在那里有百姓与各级小官吏，也有土地与五谷，为何一定要读书才算得上求学呢？"孔子说："我讨厌你这种强辩的人。"

讲评

这一章接着讲到高老先生了，就是子羔，前面说到的"柴也愚"那位。这一次是大师兄子路推介他任职，子路资格比较老，子羔资历浅，人又比较愚，只能靠大师兄提携了。

"费"音 bì，是当时有名的城邑。子路当时是季氏的宰臣，为人重义气，是"愿车马衣裘，与朋友共敝之而无憾"的人，为了照顾小师弟，就介绍子羔到费邑当城宰。孔子对此很不满意，认为子路这样做会害了子羔。

"贼夫人之子"，"贼"就是伤害；"人之子"，子羔也有父母，意思是说，子路这样做，怎么对得起他的父母亲呢？每一个都是人子，这样做表面上是在照顾他，实际上会害了他。因为孔子觉得子羔还未学成，学而优才能仕，子路现在为了卖人情，明明知道他还没有学成，就让他去从政，不是摆明了要他丢脸吗？

子路对老师的意见不以为然，反而替自己辩护说："何必读书，然后为学？"意思是在实际的工作中要接触上级、同僚和老百姓，完全可以从实际的政务中学习，何必一定要把书读到一定程度才可从政？难道不可以把顺序调一调吗？孔子生气了："是故恶夫佞者。"意思是说，子路不反省，还强辩，他最讨厌这种人。

那么，到底谁的看法对？恐怕还是孔子对。获得一个在实务中学习的机会当然也不错，孔子也没有说不对，但是子羔偏愚，过早从政对子羔来说有点不妥。

这一段放在《先进篇》里是有意义的，《先进篇》的第一章我们还未讲，就说："先进于礼乐，野人也；后进于礼乐，君子也。如用之，则吾从先进。""野人"就是平民，孔子认为子羔是平民家的孩子，这样身份的人要从事政治，对礼乐教化之类的知识一定要先学到位才行，等到这方面有见识、有根底了，再去从政。这就是"先进"的意思。有的贵族子弟生来就具有一定的地位了，他们可以先当官，但接着一定还要"后进以礼乐"。

《孔子圣迹图·问礼老聃》

　　孔子于鲁昭公二十年（公元前518年），带弟子南宫敬叔由曲阜到洛邑，
不远千里向周朝柱下史（管理藏书的史官）老聃学习周礼。

各言其志

子路、曾皙、冉有、公西华侍坐。

子曰："以吾一日长乎尔，毋吾以也。居则曰：'不吾知也！'如或知尔，则何以哉？"

子路率尔而对曰："千乘之国，摄乎大国之间，加之以师旅，因之以饥馑；由也为之，比及三年，可使有勇，且知方也。"夫子哂之。

"求！尔何如？"对曰："方六七十，如五六十，求也为之，比及三年，可使足民。如其礼乐，以俟君子。"

"赤！尔何如？"对曰："非曰能之，愿学焉。宗庙之事，如会同，端章甫，愿为小相焉。"

"点！尔何如？"鼓瑟希，铿尔，舍瑟而作，对曰："异乎三子者之撰。"子曰："何伤乎？亦各言其志也。"曰："莫（通'暮'）春者，春服既成，冠者五六人，童子六七人，浴乎沂，风乎舞雩，咏而归。"夫子喟然叹曰："吾与点也！"

三子者出，曾皙后。曾皙曰："夫三子者之言何如？"子曰："亦各言其志也已矣。"曰："夫子何哂由也？"曰："为国以礼，其言不让，是故哂之。""唯求则非邦也与？"

"安见方六七十，如五六十，而非邦也者？"

"唯赤则非邦也与？""宗庙会同，非诸侯而何？赤也为之小，孰能为之大？"

——《先进篇》（11.26）

白话试译

子路、曾皙、冉有、公西华一起坐在孔子旁边。

孔子说："只是因为我比你们年长一些，你们不要因为我在你们跟前就好像觉得有点拘束。平常你们会说：'没有人了解我呀！'如果有人了解你们了，你们会怎样做呢？"

子路抢先回答道："对于千辆兵车规模的国家，夹在几个大国中间，加上经常要有战事，国内还闹饥荒；如果我来治理，不到三年，我可以做到让百姓勇敢，并且知道应对的方法。"孔子对他微微一笑。

孔子接着问："冉求，你怎么样？"他回答说："我的才干就是治理方圆六七十里，或者是五六十里，假如给我三年时间去治理这样一个小国，我可以使老百姓富足。至于礼乐教化的问题，只能等更能干的人来做这件事。"

孔子又问："赤，你怎么样？"他回答说："我不敢说我很能干，我是来学习的。有关祭祀的事情，参与诸侯国的国际会议，我会穿戴好礼服礼帽，担任一个小司仪。"

孔子又问："点，你怎么样？"曾点弹瑟的声音渐渐稀疏，铿的一声把瑟放置一旁，站起来向老师行个礼，回答道："我跟刚才那三位同学说的都不一样。"

孔子说："那有什么关系？每一个人说说自己的志趣罢了。"

曾点回答道："我希望在晚春时节，穿着新做的春服，跟五六个成年人和六七位少年，在沂水中洗洗澡，在舞雩台上吹吹风，然后高高兴兴地吟着诗，唱着歌归来。"

孔夫子感叹道："我很欣赏曾点的这种境界。"

三个人离开了房间，曾皙在后面。曾皙说："三位同学的发言，老师认为怎么样呢？"孔子说："他们就是各自表达一下志向罢了！"曾皙说："那老师为什么要笑子路呢"？孔子说："治国要讲究礼，他的话太不谦逊了，所以笑他。"曾皙再问："冉求说的不也是治理邦国的事吗？"孔子说："怎么见得方圆六七十里或五六十里的地方不是国家呢？"曾皙再问："公西华讲的难道就不是邦国的事吗？"孔子说："参与宗庙社稷的国际盟会，不是诸侯国又是什么？赤如果只做个小司仪？谁又能做大司仪呢？"

讲 评

这一章是《论语》中最长，也是很有名的一章，其中涉及子路、冉有、公西赤、曾点这四位弟子，文字活泼得像剧本。其中曾参的父亲曾点首次出场。

曾点，字皙（日光透入之皙），被列为孔子七十二贤人之一，与颜回之父颜无繇、孟轲之父孟孙激等人并祀于曲阜孔庙后部的崇圣祠。史籍对曾点的记述极少，但他豪放不羁的性格与举止在当地被传为美谈，有"鲁之狂士"之称。

孔门弟子中父子档很多，曾参和曾点也是，《孟子》里提到过曾家三代，"孔、孟、颜、曾"在儒门的影响很大，正因为这样，在古代社会姓孔的、姓孟的、姓颜的、姓曾的后世之人有时结拜为兄弟，就像刘、关、张桃园结义一样。这一章也是各言其志，上次只有颜回、子路，这回有四位。

子路、冉有（求）、公西赤（华）、曾点这四位弟子与孔子在一起，孔子兴致颇高，又想探察学生志向了。"以吾一日长乎尔，毋吾以也"，这句开场白为挖掘学生志向而让他们放松心情，没有拘束感。"居则曰：'不吾知也！'""居"就是日常起居，意思是你们平日常常发牢骚说自己的才华被埋没，没有人了解自己。在这里我想强调一下，《论语·学而篇》开篇说"人不知而不愠"，是指教书时的"教不倦"，《学而篇》最后的一句"不患人之不己知，患不知人也"，才是不要怕别人不了解你的意思。这两者的差别，不要搞混。很多人都会因为别人不了解自己而很郁闷，"不吾知也"就是如此。孔子很会打埋伏，既然你们都这么想，我很想知道你们各有什么志向——"如或知尔，则何以哉？"意思是，如果有人来请你们去做事，你们准备如何展现自己的才干呢？

第一个讲话的是谁？不用说，肯定是子路。他性格很直率，没有用心仔细想，就抢先说了。《论语》里每个人的举手投足都是其天性的自然流露。他的回答是治理一个"千乘之国"颇有方法。

"千乘之国"，多少乘兵车是当时用来描述国家大小的，千辆兵车的国家在春秋时代算得上大国了。"百乘之家"就是拥有一百辆兵车的大夫，"万乘之国"则是超级大国，恐怕只有周天子够资格。"摄乎大国之间"，"大国"是指比千乘之国更大的国家，都是些很有实力的、很霸道的国家，像春秋五霸、战国七雄，处于这些大国之间是很危险的国际形势。

"千乘之国"不大不小，还要夹处在几个大国之间求生存，"加之以师旅，因之以饥馑"，加上经常要有战事，国内还闹饥荒。为什么总会有战事呢？因为"千乘之国"的国际环境很糟糕，大国之间交战，常要向它们借道，经常处于左右为难的状态，受战争殃及的风险很大；另外，"因之以饥馑"，经济上还会有问题，粮食生产不足，这就更糟糕了。子路说，"由也为之，比及三年，可使有勇，且知方也"，在这种种不利的情况下，如果给他三年的时间，就能让百姓有勇气和自信，并且知道应对的方法。

这个志向不算小，子路在这方面很自信，没想到老师不给面子："夫子哂之。""哂"字可能会让人很不爽，有点嘲笑的味道。当学生的最怕老师这种回应，自己勾画的宏图，老师一笑置之，有点尴尬。不过，这是他们师生互动的一种模式，也算是行为语言吧。

子路抢先答了，老师一笑之后，就主动点名了，第一个是冉求。老师这么一笑，把冉求给吓着了，他的回答就保守多了。他也许本来也想拍着胸脯讲更大的志向的，一看大师兄子路被老师讥笑，吓得汗毛直竖，立马把自己的志向调整得很小。但是老师点名了，非答不可，就不能再扯"千乘之国"了。

冉求说："方六七十，如五六十，求也为之，比及三年，可使足民。如其礼乐，以俟君子。"他认为自己的才干就是治理方圆六七十里或者是五六十里的地方，假如给他三年时间去治理，可以使老百姓富足，绝不会有饥馑。然后百姓富了之后还要加以教化，但冉求说，礼乐教化的问题，他没本事，只能等更能干的人来做这件事。他的回答看上去很谦虚，冉求是不是真的如此谦逊呢？不一定，因为前面有个子路先挨了"棒子"，他马上就收敛了许多。这就叫"枪打出头鸟"、"出头的椽子先烂"。

冉求说完，孔子又点名公西华回答，这是第三位。公西华更谦逊了，没说志愿，而是说："非曰能之，愿学焉。"意思是说，我不敢说我很能干，我是来学习的。这个习惯一直延续至今，现在有很多人明明在专业方面已经很不错，是某方面的专家了，如果到某个地方去出席会议，也常说我是来学习的，很感谢你们给我提供了一个学习的机会。"宗庙之事，如会同，端章甫，愿为小相焉"，"宗庙之事"，是指有关祭祀的事情；"会同"就是各路诸侯开国际会议，"如"就是参与；"端"即礼服，"章甫"是帽子；"小相"就是祭祀和诸侯会盟时现场的司仪，公西华自谦自己不敢做大事，只是对这些礼仪还熟，能办得很周全，不会失礼。

还剩下一个曾点没有表态，这个家伙好像是在为这场师生对话伴奏的，一直在鼓瑟，一副轻松悠闲的样子。曾点真是有个性，老师点名要他讲了，他的曲子还没有弹完，既不能一直弹下去，又不能骤然停下，只能渐渐放慢，就像跑步一样，必须缓冲一阵子才能停下来。"鼓瑟希"，就是鼓瑟的声音慢慢稀疏，最后"铿尔"，"嘣"的一声停下不弹，"舍瑟而作"，把乐器放到一边，站起来给老师行礼。古时候没有椅子，大家都是席地而坐，连朝廷都是前面摆个几案，大家都坐着谈，所以那时的殿堂地板一定要很干净才行。"对曰：'异乎三子者之撰。'"对尊长说话要用"对曰"，像佛经中对佛讲话也要袒右肩右膝着地，合掌恭敬而"白佛言"，那是必须恭恭敬敬的，现在不讲究这一套了。曾点回答说，我跟刚才三位同学说的都不一样。言下之意是，他可没有那么大的志向。"何伤乎？亦各言其志也！"孔子鼓励说，无妨，只是说说个人的志向罢了。

曾点开始说了："莫春者，春服既成，冠者五六人，童子六七人，浴乎沂，风乎舞雩，咏而归。"注意，"莫"即暮，学过《易经》的都知道，夬卦（☰）的第二爻"莫夜有戎"，"莫"就是暮，"暮"是"莫"字下面加个"日"字，再加一个太阳。这个字是怎么来的呢？甲骨文中的"莫"，表示黄昏，中间也是一个"日"，上边是草丛。如果大家到河边去，就会在傍晚的时候看到太阳落入天际的草丛，这个就是"莫"字的象形意义。"莫春者"，是指春夏之交。"春服既成，冠者五六人，童子六七人，浴乎沂，风乎舞雩，咏而归"，春天的衣服已经做好，"冠者"指成人，"童子"是指还没成年，大概十来岁的孩子，"沂"就是沂水，在当年的鲁国境内。"风乎舞雩"，以前经常遇干旱，各地都有专门求雨的土台，即舞雩台，通常会在上面种树，树下乘凉就是"风乎舞雩"。这种情景非常像现在的郊游踏青，晚春的时候，穿着新做的衣服跟五六个成年人和六七位少年，在沂水中洗洗澡，在舞雩台上吹吹风，然后高高兴兴地吟着诗、唱着歌归来。真的很悠闲。

"夫子喟然叹曰:'吾与点也。'""与"就是认可,曾点与前面那几位想要积极用世的同学完全不同,既不想当官从政,也不想去搞外交,他的生活情趣就像鼓瑟的状态一样自然而然,颇有道家风范。金庸在《射雕英雄传》里就用了这一段。书中第三十一回"一灯大师",郭靖带着黄蓉去找一灯大师疗伤,遇到其弟子渔樵耕读之一的书生,正在读《论语》这一段,描写得很精彩:

(书生)读得兴高采烈,一诵三叹,确似在春风中载歌载舞,喜乐无已。黄蓉心道:"要他开口,只有出言相激。"当下冷笑一声,说道:"《论语》纵然读了千遍,不明夫子微言大义,也是枉然。"那书生愕然止读,抬起头来,说道:"甚么微言大义,倒要请教。"黄蓉打量那书生,见他四十来岁年纪,头戴逍遥巾,手挥折叠扇,颏下一丛漆黑的长须,确是个饱学宿儒模样,于是冷笑道:"阁下可知孔门弟子,共有几人?"那书生笑道:"这有何难?孔门弟子三千,达者七十二人。"黄蓉问道:"七十二人中有老有少,你可知其中冠者几人,少年几人?"那书生愕然道:"《论语》中未曾说起,经传中亦无记载。"黄蓉道:"我说你不明经书上的微言大义,岂难道说错了?刚才我明明听你读道:'冠者五六人,童子六七人。'五六得三十,成年的是三十人,六七四十二,少年是四十二人。两者相加,不多不少是七十二人。瞧你这般学而不思,嘿,殆哉!殆哉!"

读金庸小说这一段,我就会想起《论语》中曾点的话,难怪黄蓉聪明,她既熟读经典,也能如此歪解经典。

关于《论语》这一章过去很多人在解释的时候,一看孔老夫子对治国平天下大弟子的志向,或者一笑置之,或者一言不发,却对追求自然的生命情调、不积极干大事的人很是认同，就觉得违反了儒家的一贯立场。因此，"莫春者"就成了违反儒家本色的象征性的说明，这样的说法有点可笑，大家要知道，这是《论语》，不是《易经》卦、爻辞，是没有任何功利心的真性情的自然流露，就像《金刚经》"应无所住生其心"一样，孔子觉得自然才是最好的，前面的三个人都有拘碍。

前面三位弟子讲完了，老师没有任何评点，还轻笑了其中一个，唯独曾点讲的孔子表示欣赏。三人垂头丧气地向老师行礼后就离开了，曾点动作慢半拍，他走在最后，当然也可能是故意走在后面的，因为他还有点疑惑。

果然，他想探探老师对同门的意见。"夫三子者之言何如"，三位同学的志向，老师认为怎么样呢？老师没有直接回答他，而是说"亦各言其志也已矣"，他们只是把各人心中的志向说出来罢了。言下之意是没有要评点的意思。但曾点不识趣，直接就问："夫子何哂由也？"老师为什么要笑子路呢？

孔子说："为国以礼，其言不让，是故哂之。"原因是，子路太骄傲，过分自信，治国要讲究礼，他太不谦逊了。这样的话，同僚可能会很难跟他相处，甚至会嫉妒、打压他，最终导致派系斗争。孔子之前做过鲁国大司寇，代理过丞相的位置，有从政经验，觉得子路太自以为是了。

曾点又问冉有："唯求则非邦也与？"冉求说的不也是治理邦国的事吗？孔子说："安见方六七十，如五六十，而非邦也者？"纵横六七十里或五六十里的地方不也是国家吗？治理国家的重点不在大小，像新加坡虽然很小，可是当年也创造了"东亚四小龙"之一的奇迹，到现在大家也很肯定他们的国父李光耀的执政能力。

"唯赤则非邦也与？"公西华讲的难道就不是邦国的事吗？

《孔子圣迹图·访乐苌弘》

　　在洛邑期间，孔子向周朝乐师苌弘学乐，不仅向苌弘学习周朝的宫廷乐曲，还共同探讨有关乐的理论，受益匪浅。

孔子回答道："宗庙会同，非诸侯而何？赤也为之小，孰能为之大？"有宗庙祭祀，又有国际盟会，这肯定是诸侯之国。而且公西华擅长做司仪，但是他能做大司仪。尽管后面的二人表现得谦逊，孔子认为对他们来说，规模不是问题，问题在于是否能全面掌控局面，真正做到尽职尽责。

孔老夫子当众赞扬曾点，另外三位有点生气，走得急了一点。但是，从后面的分析大家可以看出，孔子是在对人生作全方位地思考问题，他并不想要每个人都走从政这一条路，而且在从政这条路上，他也不在乎管理地域的大小，只要能够发挥才干，对社会有贡献就可以。但是，再怎么样也不能忽略掉做人的生活情趣，曾点的安排就很好。工作与生活之间并不矛盾，不能一做事情就变成工作狂，连春季踏青、好友相聚这么简单的生活趣味都放弃了。真正从政的人恐怕更需要这种自然的生命情调，更需要这种真性情。

足食、足兵、民信

子贡问政。子曰："足食，足兵，民信之矣。"子贡曰："必不得已而去，于斯三者何先？"曰："去兵。"子贡曰："必不得已而去，于斯二者何先？"曰："去食。自古皆有死，民无信不立。"

——《颜渊篇》（12.7）

白话试译

子贡问怎样才能搞好政治。孔子说："要让老百姓能够吃饱饭，要使国家军备充足，要让老百姓讲究诚信。"子贡说："如果迫不得已要去掉一项，先去掉这三项中的哪一项？"孔子说："发展军备可以先去掉。"子贡说："如果迫不得已再去掉一项，要去掉这两项中的哪一项？"孔子说："去掉发展粮食生产。自古以来，人难免一死，但如果老百姓不讲诚信，就没有存在的价值了！"

讲评

这一章出自《颜渊篇》，是关于子贡的。子贡问，怎样才能搞好政治，他对从政很有兴趣，因为他具备这方面的天赋。

"足食，足兵，民信之矣"，这是三件事情，当然三者间也有因果关系。第一个是"足食"，民以食为天，关乎民生的经济最重要，所以《易经》中需卦（☷）排在卦序的前列，《大象传》称"君子以饮食宴乐"。让老百姓吃饱饭，是对当政者最起码的要求。第二个是"足兵"，一个国家不能只是经济发达，还要具备国防的军事实力，"足"是刚刚好的意思，养太多兵则是穷兵黩武，像美国的兵力，对于一个正常国家来说就太多了，每年要花那么多的钱。就算现在已经削减下来，每年也还有七千亿美金。一个国家要花掉全世界军费的一半以上，显然是"足"过了。当然，绝对不能不足，不论多大的国家，富国强兵是基本的生存条件。第三个是"民信"，就是要老百姓讲诚信，即要有文化教养，要富而好礼。

"必不得已而去，于斯三者何先？"子贡很有意思，开始论辩了，如果这三个方面同时具足的话，可能办不到，一定要去掉一个，哪一个是最先可以去掉的？孔子说"去兵"。这完全正确，因为人不能不吃饭，万一没有办法筹措那么多的军费，可以先减少这方面的预算。子贡接着问："必不得已而去，于斯二者何先？"这是典型的子贡风格。他继续追问，如果还要再去掉一个，要先去掉哪一个呢？"去食。""去食"不是不让老百姓吃饭了，而是指不要花那么多的钱去搞经济。

"自古皆有死，民无信不立"，"信"很重要，诚信是立身之本。

《易经》中孚卦（☲），就是讲诚信；需卦虽然是讲发展经济，但它的卦辞前面有两个字——"有孚"，说的就是人不能没有精神生活。"民无信不立"，人一旦没有了诚信，站都站不起来。一个国家如果一味地扩充军备，单纯地发展经济，老百姓完全不讲礼与信，上梁不正下梁歪，就根本没有存在的价值，也无法存在下去！

百姓足，君孰与不足

　　哀公问于有若曰："年饥，用不足，如之何？"有若对曰："盍彻乎？"曰："二，吾犹不足，如之何其彻也？"对曰："百姓足，君孰与不足？百姓不足，君孰于足？"

——《颜渊篇》（12.9）

白话试译

　　鲁哀公向有若请教说："国家因为灾荒，用度不够怎么办？"有若回答说："为什么不采用抽税十分之一的办法？"哀公说："抽税十分之二，我还觉得不够，怎么能抽税十分之一呢？"有若回答道："老百姓富足了，国君哪能不够用的？老百姓都吃不饱，国君怎么能得到满足？"

讲评

　　这一章跟有若有关，关于有若的没有多少篇，除了《学而篇》之外，可能就这几个地方了。鲁哀公是孔子的老板，孔子是在鲁哀公十五年过世的，这次哀公不问孔子问题，而是问他的徒弟有若了。

　　"年饥，用不足，如之何"，因为灾荒粮食歉收，估计鲁哀公是手头紧，想奢侈一番，苦于没钱，于是想问有若有无生财之道。有若则从民生的角度回答，"彻"是春秋时期的税收制度，"什一而税谓之彻"，即收取百姓收入十分之一为税收谓之彻。用《易经》损卦（䷨）的第一爻"酌损之"来说，就是减税，税赋不能太重，否则会影响老百姓的生产积极性。羊毛出在羊身上，政府应该藏富于民，所以一直到现在减税还是各国政府很重要的经济调控手段。

后面这句话已成名言："百姓足，君孰与不足？百姓不足，君孰于足？"有若不愧是孔门的大弟子之一，孔子死后，孔门很多弟子都拥护他出来扮作孔子，但因为他的威望不足，没能成功。但有若对这个问题的看法还是合乎儒家本色的，完全是务本之论。老百姓富足了，国君绝对会足；如果全国整个民不聊生，你的税源从哪里来？那不就是《易经》中否卦（䷋）的象吗？下面整个都空了，当然就是"否"，在上位者再富有，也没有用，因为不会持久。如果下面很富足，就算上面暂时空了，将来肯定会回馈给你，道理就这么简单。但是，中国古代很多时候在上位者为了自己的享受，拼命抽税，如果赶上战争，就更是民不聊生。

至于为什么鲁哀公问有若而不问孔子这个问题，事情很有可能发生在孔子过世之后，那时已经没有老夫子可以问了，也许那段时间有若刚好被同学们弄出来扮孔子；但有一点可以肯定，孔子若在，也一定会这么回答鲁哀公的。

求仁得仁，又何怨

冉有曰："夫子为卫君乎？"子贡曰："诺，吾将问之。"入，曰："伯夷、叔齐何人也？"曰："古之贤人也。"曰："怨乎？"曰："求仁得仁，又何怨？"出，曰："夫子不为也。"

——《述而篇》（7.15）

冉有说："老师会站在卫国国君一边吗？"子贡说："好，我去问一问老师对这件事的态度。"子贡走进老师的房间，说："老师对伯夷、叔齐这样的人怎么看？"孔子说："他们是古代很有贤德的人"。子贡说："他们对自己的遭遇会不会怨天尤人呢？"孔子说："他们求的是'仁'，最后也得到了'仁'，有什么好怨的？"子贡走出房间，说："老师不会支持卫君的。"

讲评

大家看有关孔子的传记，可能会了解这一段话的背景。里面有大美女南子，有卫灵公……当时卫国出现了臣弑其君、子弑其父的现象，这实在是一种人伦的悲剧。孔老夫子当然看不顺眼，可是鲁国的邻国卫国就发生了这样的事，结果弄得卫国的两派之间势同水火，这件事情还相当有国际影响力。冉有希望知道孔老夫子的态度，看看老师站在政权之争的哪一边。冉有就拜托子贡，想让这个大师兄去问问老师："夫子为卫君乎？"意思是老师会挺卫国国君吗？子贡答应他说：好，我去问一问。

冉有不敢直接去问老师的政治态度，就请能说会道的子贡到老师那儿去探探底。子贡也不敢直接问，但是他比较聪明，善于察言观色，采用了旁敲侧击的方式，问的似乎是个与政治不相干的问题。他提起了好多年前的历史人物——伯夷和叔齐，问孔子他们到底是什么样的人？《史记》的七十篇列传列在第一的就是《伯夷列传》，讲的就是伯夷、叔齐的故事。伯夷、叔齐是商末孤竹君的两个儿子，是有谦让之德的名士。其实现在看来，伯夷、叔齐多少有点冬烘，当年武王伐纣，他们曾叩马而谏，认为臣绝对不能伐君，这显然是对商朝的愚忠。我们都知道，武王伐纣是为了铲除暴政，当然不会采纳他们的书生之见。等到武王伐纣成功，商朝灭亡后，伯夷、叔齐认为周朝的建立经过了血流漂杵，靠战争夺取的江山，于是他们义不食周粟，后来硬是饿死在了首阳山。伯夷、叔齐属于有政治洁癖的人，与现实格格不入，但是他们的谦让之德却很受人尊崇，后世很多政治权力纷争就是因为大家互不礼让，甚至父子兄弟间也为了权力而互相残杀，孔子在卫国时，卫国的宫廷就发生了类似的事情。当然，子贡问的不是老师知道不知道这两个历史人物，而是问老师对伯夷、叔齐这样的人怎么看，这样，他就可以推测老师的立场了。

"古之贤人也"，孔子说，他们是古代很有贤德的人。"怨乎？"子贡的意思是说他们最后并没有好下场，他们会不会因此而怨天尤人呢？孔子说："求仁而得仁，又何怨？"伯夷叔齐求的是行仁，不是外在的物质，最后他们也得到了仁的结果，历史对他们的评价就是仁义之士，人终究难免一死，有什么好抱怨的？

孔子对历史人物的评价就这样显现出来了。其实，子贡为什么这样问他，可能孔子心里也有数。这样的回答实际上相当于孔子的间接表态：他绝对不会去帮父子相争的任何一方，不管是流亡派，还是公司派，他认为没一个好人，他绝不会去蹚这个浑水。子贡马上就明白了，出来对他的同学冉有说，"夫子不为也"，孔子绝对不会去支持卫君，也不会去支持其对立面。

附：冉有其人

冉求（公元前 522 ~ 公元前 489 年），字子有，通称冉有。春秋末年鲁国人，小孔子二十九岁。孔门十哲之一，列名政事科第一，孔门七十二贤之一。与冉耕（伯牛）、冉雍（仲弓），皆在孔门十哲之列，世称"一门三贤"。多才多艺，擅长理财，曾担任季氏家宰。在孔子的教导下逐渐向仁德靠拢，其性情也因此而逐渐完善。孔子晚年归隐鲁国受到冉有很多的照顾。

《春秋·鲁哀公十一年》载："十有一年春，齐国书帅师伐我。夏，陈辕颇出奔郑。五月，公会吴伐齐。甲戌，齐国书帅师及吴战于艾陵，齐师败绩，获齐国书。秋七月辛酉，滕子虞母卒。冬十有一月，葬滕隐公。卫世叔齐出奔宋。"《春秋》这一段说得很简略，也没有提到冉有，但在《左传》中说得比较详细：

> 十一年春，齐为鄎故，国书、高无丕帅师伐我，及清。季孙谓其宰冉求曰："齐师在清，必鲁故也。若之何？"求曰："一子守，二子从公御诸竟。"季孙曰："不能。"求曰："居封疆之间。"季孙告二子，二子不可。求曰："若不可，则君无出。一子帅师，背城而战。不属者，非鲁人也。鲁之群室，众于齐之兵车。一室敌车，优矣。子何患焉？二子之不欲战也宜，政在季氏。当子之身，齐人伐鲁而不能战，子之耻也。大不列于诸侯矣。"……冉求帅左师，管周父御，樊迟为右……以武城人三百为己徒卒。老幼守宫，次于雩门之外。师及齐师战于郊，齐师自稷曲，师不逾沟。樊迟曰："非不能也，不

信子也。请三刻而逾之。"如之，众从之。师入齐军，右师奔，齐人从之，陈瓘、陈庄涉泗……师获甲首八十，齐人不能师。宵，谍曰："齐人遁。"……孔子曰："能执干戈以卫社稷，可无殇也。"冉有用矛于齐师，故能入其军。孔子曰："义也。"

这是发生在公元前487年的事情，冉有率左师抵抗入侵齐军，并身先士卒，以步兵执长矛的突击战术取得胜利，又趁机说服季康子迎回了在外游历十四年的孔子。

作为孔子的得意门生，被孔子列为政事科高才，《论语》中关于冉有的记载比较多。冉有多才多艺，性情谦逊，长于政事，《论语·公冶长篇》载：孟武伯问："求也何如？"子曰："求也，千室之邑，百乘之家，可使为之宰也，不知其仁也。"这一段中，孔子肯定冉有的政事才能，称其可于千户大邑、百乘兵马之家胜任总管职务，即可以在诸侯国当邑宰或在卿大夫家里当家臣。这代表冉有很有政治才华。

政治是一门很深的学问，要处理好政事必须具备各种才能。像子贡通达权变，子路果敢果决，都是办政事的好人才，而冉有在政治上的天赋，主要是精通"六艺"。《论语·雍也篇》载：季康子问："求也可使从政也与？"曰："求也艺，于从政乎何有？"孔子认为，冉有文武双全，精通"六艺"，对于处理政事来说绰绰有余。

对于冉有才艺的肯定，从孔子评论当时的人可以看出。《论语·宪问篇》：子路问成人。子曰："若臧武仲之知，公绰之不欲，卞庄子之勇，冉求之艺，文之以礼乐，亦可以为成人矣。"子路问孔子，怎样才算是一个理想的人？孔子回答说："明智像臧武仲，淡泊无欲像公绰，勇敢像卞庄子，多才多艺像冉求，

在川观水

大干众川观水
子贡问曰君子
见水必观何也
孔子回以其不
竭者似孚通之
流行而无方若
水之德若此是
故君子必观焉

《孔子圣迹图·在川观水》

　　孔子遇水必观。他的学生子贡问道："君子问什么遇水必视呢？"孔子
回答说："水啊，奔流不息，好像懂得道；流行永无穷竭，好像具有德，所以
君子遇水必观。"

再用礼乐来加以文饰，也可以算是理想的人了。"可见冉有的才艺在当时是非常出色的，受到当政者的赏识，有机会出来办理政事。

虽然冉有和子路同属政事科，但两个人的个性完全不一样，子路是较果敢、果决，冉有比较退让。因此孔子对子路、冉有的教导方式有所不同。《论语·先进篇》：子路问："闻斯行诸？"子曰："有父兄在，如之何其闻斯行之？"冉有问："闻斯行诸？"子曰："闻斯行之。"公西华曰："由也问闻斯行诸，子曰'有父兄在'；求也问闻斯行诸，子曰：'闻斯行之'。赤也惑，敢问。"子曰："求也退，故进之；由也兼人，故退之。"同样一件可以做的事，孔子对子路说，父兄还在，要请教父兄，才可以去做；而对冉有则说，听到了就马上去做。这一段是孔子因材施教的典型例子，一进一退之间，表明冉有天性较迟缓，孔子鼓励他要勇于实行，而子路因为好勇胜人，所以要求他退让些。

孔子很欣赏冉有。《论语·雍也篇》曾记载季康子问孔子子路、子贡、冉求是否可以从政，孔子回答说三人皆可从政，并分别道出三人之优点："由（子路）也果，赐（子贡）也达，求（冉求）也艺。"

不过，孔子也曾严厉批评过冉有，因为帮助季氏进行田赋改革、聚敛财富。这一段见于《论语·先进篇》：季氏富于周公，而求也为之聚敛而附益之。子曰："非吾徒也。小子鸣鼓而攻之可也。"由此看来，从某些方面来讲，冉有对孔子不是绝对服从，像冉有不重士德的修养，《论语》和其他记载中，没有看见过他发表关于儒家道德观念方面的看法，也没向孔子请教过这方面的问题。

冉有对于孔学具有一定的改革精神，对后世影响很大。史学家陈寿认为冉有在政事方面可和伊尹、姜尚的政绩相媲美。东汉明帝永平十五年（72 年）祭祀孔子时以他为配。唐玄宗开元八年（720 年）以他为"十哲"之一，配享孔子；开元二十七年（739 年）赠"徐侯"。宋真宗大中样符二年（1009 年）又封为"彭城公"，度宗咸淳三年（1267 年）改为"徐公"，从祀孔子。

第七章

名不正，则言不顺

子路曰："卫君待子而为政，子将奚先？"子曰："必也正名乎！"子路曰："有是哉，子之迂也！奚其正？"子曰："野哉，由也！君子于其所不知，盖阙如也。名不正，则言不顺；言不顺，则事不成；事不成，则礼乐不兴；礼乐不兴，则刑罚不中；刑罚不中，则民无所措手足。故君子名之必可言也，言之必可行也。君子于其言，无所苟而已矣。"

——《子路篇》（13.3）

白话试译

子路说："假如卫君虚位以待，请您帮忙治理国家，那您施政时最先要做的是什么？"孔子说："一定要我做的话，我一定先纠正名分！"子路说："哪有这种事呢？老师您也太迂腐了！何必要正名呢？"孔子斥责他说："你真是粗鲁不文啊！有智慧的君子对自己不真正了解的东西，最好不要随便乱说。名分如果不纠正，言语一定不顺当；说法上不顺当，你的政务当然就不能顺利完成；

政务完不成，礼乐教化就无法推行；礼乐教化不能推行，法制就不能按标准执行；法制不能按标准执行，老百姓就茫然不知所措。因此，君子确定的名分，一定要说得明白，也一定得保证能行得通。君子说出来的东西，绝对不可以苟且，不可以骗人。"

讲评

这一章出自《子路篇》。"名不正，则言不顺"，这句名言就出自这里。

子路问孔子，假如卫君请他治理国家，最要先干什么？孔子什么都没谈，先讲名分，强调名义一定要正当，父子相争名分就不正，他根本不可能参与卫国的政治。换句话说，卫国的政局乱七八糟，基本条件都不具备，根本就没必要谈实际的施政内容。这不是封建保守的意思，因为政权相争，就是党派相争、利益相争，然后还六亲不认，从根本上就不正。君君、臣臣、父父、子子才是正，它规范了社会结构的基本秩序和基本伦理，这个问题不解决，别的根本没法谈。

子路确实粗鄙，竟然说出"子之迂也"，认为老师过于迂腐。老夫子生气了，就直接教训他说："野哉，由也！君子于其所不知，盖阙如也。"意思是你可真是粗鲁不文，有智慧的君子对自己不了解的东西，从来不会乱讲。你如果不说，别人还不知道你没学问、没见识，开口一说，就自曝其短。人至少要有藏拙的智慧，别人发表意见，不管懂或不懂，你都笑而不语，人家说不定还会觉得你高深莫测。

"名不正，则言不顺"，因为源头就有问题，下面的全部都歪了，差之毫厘，失之千里。名如果不正，言一定不顺，你发号施令根本就没人甩你，因为你之所以那样做，只是在满足一己之私欲。就像《孙子兵法》中强调每次战争都要知道究竟是"为何而战，为谁而战"，要师出有名，要合乎"道、天、地、将、法"，施政也要有一个正当的名分。

"言不顺，则事不成"，任何事情如果没有人响应你的号召，没有人愿意跟你合作，你肯定办不成。"事不成，则礼乐不兴；礼乐不兴，则刑罚不中；刑罚不中，则民无所措手足"，这种推理法以前叫做连珠体，这种文体像连珠炮一样，义明而词净，事圆而音泽，自然而然就推出一连串的道理。"事不成，则礼乐不兴"，既然政事推展不顺利，国家就没有建设能力，很多弊端也改不过来，就更谈不上"富而好礼"的礼乐教化了。衣食足，然后知荣辱，富国强兵后才能讲文化，现在的中国就是这样。

"礼乐不兴，则刑罚不中"，礼乐不兴，法制就不能按标准执行。"礼乐"是关乎道德的，道德标准当然比法律的标准要高。一个社会如果文化水平普遍低下，即便是严刑峻法也不能收到好的管理效果。人如果只是不犯法，并不代表他有道德水准，一旦约束人们行为的礼制丧失，人们就只能在道德底线上徘徊，并且还可能随时去钻法律的空子。

"刑罚不中，则民无所措手足"，刑罚不能恰到好处地实施，礼制法制统统解体，百姓就会茫然不知所措。"故君子名之必可言也"，因此，君子定下一种名分，有一个名义来号召大家，一定要能说出其中的道理。"言之必可行也"，还一定要让它能行得通，要有实践做基础。"君子于其言，无所苟而已矣"，君子对于他说出的话一定要言必信，行必果，不管是商业，还是政治，都要一丝不苟地去做。

人口、富强、教化

子适卫，冉有仆。子曰："庶矣哉！"冉有曰："既庶矣，又何加焉？"曰："富之。"曰："既富矣，又何加焉？"曰："教之。"

——《子路篇》（13.9）

白话试译

孔子到卫国，冉有作为侍从替他赶车。孔子说："卫国人口众多啊！"冉有说："人口多了之后，当政者接下来该做什么？"孔子说："让他们富裕。"冉有说："已经富裕了，接下来又要做些什么？"孔子说："去教化他们。"

讲评

这一段也是很有名的，跟冉有有关，算是孔老夫子对政治的一些简要的看法。

"子适卫，冉有仆"，又是卫国，大概是鲁国离卫国太近了。"适"是"到"的意思，孔子到卫国去的时候，冉有做孔子的随从，帮他赶车。

"庶矣哉"，"庶"是人口很多的意思。在古代，人口就是生产力，冉有看到卫国都城的大街上那么多人，他就思考一个问题："既庶矣，又何加焉？"作为一个政治家，像卫国已经有这么多的人口，还需要做什么呢？或者说接下来该怎么施政呢？孔子说："富之。"让他们投入生产，提高他们的收入，让他们具备基本的消费能力，国家就慢慢富强了。其实中国这三十年就是利用人口的生产和消费能力，促进投入和消费，做好国家建设，逐渐富强起来的。人口大国通常都有这样的潜力，你看"金砖四国"中，中国、印度、俄罗斯、巴西，哪一个不是人口大国？广土众民，只要开发到位，经济肯定就上来了。

"既富矣，又何加焉？"富庶了以后，怎么做？孔子说："教之。"富裕之后要做的就是文化教养，这是天经地义的。换句话说，在没有富庶之前，"教之"肯定不行，人连饭都吃不饱，你想推动教化就很难。所以，经济改革一定要先于政治改革，先国富民强，具备了硬实力之后，然后要有教养，不能穷兵黩武，不能称霸，这时加强"教化"就变得很重要了。这就是"富而好礼"，也就是现在所说的提升软实力。

政、事之别

> 冉子退朝，子曰："何晏也？"对曰："有政。"子曰："其事也。如有政，虽不吾以，吾其与闻之。"

——《子路篇》(13.14)

白话试译

冉有从季氏那里退朝回来，孔子说："怎么这么晚才退朝？"冉有回答："有政务。"孔子说："恐怕是事务吧，如果真有国家大事要讨论，虽然现在朝廷没有用我，我也会了解情况的。"

讲评

这一章中，冉有真的从政了，他做了鲁国权臣季氏的家宰。

"冉子退朝"，凡当官就要上朝议政，照理讲，"朝"本应该是国君主持的，可是春秋末年权臣跋扈，季氏就把自家当作朝廷了，鲁国的重要政治活动大多由他决定。冉子是季氏的家臣，有一天他退朝了。"晏"就是迟，孔子说：怎么这么晚才退朝？通常应该很早，老夫子看到冉有下班这么晚，就问他原因。

"有政"，冉有回答说，有政务。"其事也"，孔子说，恐怕不是政务，是事务吧？现在有所谓的政务官、事务官，事务是技术层面的，不是战略、政策层面的，不是真正的国家大事，而是属于行政范围，只能称其为"事务"而不能称"政务"。"政"是大方向，那是需要有高度智慧的，而冉有就是个办事的，所以孔子把"政"和"事"作了严格的区分。他认为，你们这些人谈不了什么大政，谈的都是事务层面的东西。

"如有政，虽不吾以，吾其与闻之"，孔子认为，如果真有国家大事要讨论，虽然现在朝廷没有用我，我也会了解情况的。为什么呢？因为他是国之大佬，虽然当时已不再参与朝政，但是鲁国这么大的地方，如果真的有国家政策层面的消息，他不可能不被告知。也就是说，孔子虽然是在野之身，但执政者遇到大事时也一定会来征求他的意见。既然政务方面的事情连孔子都不知道，那冉有他们讨论的问题层面应是事务方面。

行己有耻

子贡问曰："何如斯可谓之士矣。"子曰："行己有耻，使于四方，不辱君命，可谓士矣。"曰："敢问其次？"曰："宗族称孝焉，乡党称弟（通'悌'）焉。"曰："敢问其次？"曰："言必信，行必果，硁（kēng）硁然小人哉！抑亦可以为次矣。"曰："今之政者何如？"子曰："噫！斗筲（shāo）之人，何足算也？"

——《子路篇》（13.20）

白话试译

子贡问老师："要具备什么样的条件，才可以称为士？"孔子说："懂得约束自己而有廉耻心，出使国外，不负君主所托，就称

《孔子圣迹图·观器论道》

孔子率弟子游览鲁桓公庙，庙内有欹器。孔子对弟子们说："我听说虚则斜、中则正、满则覆，明君以为至戒。"弟子们一试果然如此。孔子说："任何事物没有满而不覆的。"子路问保持满而不覆之法，孔子说："把水舀出来，减少一些就可以了。"

得上士了。"子贡说:"请问次一等的表现？"孔子说:"宗族的人都认为他是孝子，乡里的人都称赞他友爱兄弟。"子贡说:"想请教再次一等的表现？"孔子说:"说话一定要兑现承诺，行动一定要有结果。这种一板一眼的小人物，可以算得上是再次一等的士了。"子贡问:"现今的这些当政的人怎么样呢？"孔子说:"噫！这些气量狭小的小人物，能算得了什么？"

讲评

"何如斯可谓之士矣？"子贡请教老师:"具备什么条件才有资格称士？""士"如果就今天的公职而言，就是普通的公务员，不像古代的士那么有素养。后来的"士"演变成了知识分子。孟子讲"士尚志"，意思是作为一个最基层的国家公务员或知识分子，一定要有志向和操守。曾参说"士不可以不弘毅，任重而道远"，这里的"士"指的是读书人。

"行己有耻"，指本身一定要有廉耻心，有自我要求，懂得自我约束，任何行为都不能越分，因为你是人们的榜样、标杆。

"使于四方，不辱君命，可谓士矣"，是指要有外交才干，能代表国家到各方诸侯那里为自己的国家争取利益，不辱国君的使命，这样的人就叫士。孔子这几句话恐怕是专门针对子贡讲的，子贡在外交方面有非常杰出的表现，他的作为很符合老师提出的"士"的标准。当时他就是临危受命，以国际大商人的身份和名望，拜见了几个国家的国君，说服对方，《史记·仲尼弟子列传》中说:"子贡一出，存鲁，乱齐，破吴，强晋而霸越。子贡一使，使势相破，十年之中，五国各有变。"他真的可以称得上是救亡图存之"士"，保障了鲁国不被齐国吞并。子贡的思考之缜密，对人性、人情洞察之深入超乎常人，真正做到了"不辱君命"，更准确地说是"不辱师命"。

"敢问其次？"子贡追问，如果不要那么高的标准，再低一点的是什么样？孔子说："宗族称孝焉，乡党称弟焉。"宗族的人都认为他是孝子，乡里的人都称赞他友爱兄弟。

"敢问其次？"那再低一层次的呢？注意，这里讨论作为一个士的标准分好几级。孔子说："言必信，行必果。硁硁然小人哉，抑亦可以为次矣。""言必信，行必果"不是很高的层次，但这个很重要。"言必信"就是指一个人所说的话，不管他是跟谁讲的，在什么场合讲的，都一定要兑现，按理说这应该是美德，但还算不上。"行必果"，做事情一定很果决，勇于实践，这种人只是"硁硁然小人哉"，属于一板一眼的人物罢了。他们不见得道德败坏，只是气量有限，档次并不高。《论语》、《孟子》中有很多处讨论"小人"，意思是说人生不能如此识量浅狭、斤斤计较，有时候不得已要说谎话，有时候答应别人的事情，不得已把它对付过去就行了，不见得一定要守承诺。应该学会衡量到底是守承诺重要，还是评估那件事情该不该做重要，类似的权变需要我们具备辨别的智慧。如果不分场合、环境，跟什么人讲过的话，不管是否会给他人或社会带来很大的伤害，也硬要兑现承诺，那就是"死心眼儿"，弄不好会被别人利用，甚至落入陷阱。孔子没有四种毛病——"毋意，毋必，毋固，毋我"，就是告诉我们人要有通权达变的智慧，凡事要看大，不要看小。"大德不逾闲，小德出入可也"，所以"言必信，行必果"不是什么了不起的境界，"抑亦可以为次矣"，但也能算得上是第三档了。

老师列了一、二、三等作为一个士的标准，子贡就要结合现实来问了："今之从政者何如？"当今这些从政的人，他们适合哪一个标准？是一等、二等，还是三等呢？孔子说："斗筲之人，何足算也？"现在的这些政客，这三个档次都够不上了。换句话说，老夫子看不惯当时的政坛。这就等于告诉子贡，理想与现实之间有多大的差距！孔子讲这话的时候大概是两千五百多年前，好像跟现在的情形也差不多。现在大家整天在喊人心不古，看来古心也不怎么好，每个时代都有很多人觉得当权的政治人物的表现太让人失望。

乡人之善者好之

子贡问曰："乡人皆好（hào）之，何如？"子曰："未可也。""乡人皆恶（wù）之，何如？"子曰："未可也；不如乡人之善者好之，其不善者恶之。"

——《子路篇》（13.24）

白话试译

子贡问老师："如果同乡的人都很喜欢他，这样的人怎么样？"孔子说："这还不能确定他是个什么样的人。"子贡又问："如果整个乡里的人都讨厌他，那这个人怎么样？"孔子说："这也还不能够确定他是什么样的人；乡里的好人都喜欢他，坏人都讨厌他，才能够确定他是一个好人。"

讲评

这一章还是子贡请教问题。我们要认真地去认识一个人，不能只凭道听途说。那怎么才能真正认识一个人呢？外界的毁誉还是很重要的参考，孔子在这里说明了我们要认识一个人应该掌握的标准。

子贡问老师："乡人皆好之，何如？"同乡的人对这个人都很喜欢、认同，这样的人怎么样？这样的人人缘特别好，大家都说他好，但是孔子说："未可也。"还不能够确定他是不是一个好人，即"乡人皆好之"不能构成一个判断人好坏的标准，也就是说，还不够。

"乡人皆恶之，何如？"如果整个乡里的人都讨厌他，这个人是不是就是坏蛋？孔子还是认为，"未可也"，每一个人都讨厌他，他是不是就是个坏人？那也不一定。

那么，应该有的标准是什么？"不如乡人之善者好之，其不善者恶之。"同乡的人有好人也有坏人，可能坏人还多一点，如果同乡里面的好人喜欢这个人，好人肯定喜欢好人，坏人都讨厌他，因为他疾恶如仇。可见，人的好恶属于感情用事，跟私人的利益有关的。所以先看发表评论的人是好是坏再说，好人喜欢他，坏人讨厌他，这个人大概不会错。

卫灵公问阵于孔子

卫灵公问陈（通'阵'）于孔子。孔子对曰："俎（zǔ）豆之事，则尝闻之矣；军旅之事，未之学也。"明日遂行。

——《卫灵公篇》（15.1）

白话试译

卫灵公向孔子请教排兵布阵的方法。孔子回答他说："关于礼仪方面的事情，我曾经听说过；军队打仗方面的事，我没有学习过。"第二天，他就离开了卫国。

讲评

"陈"即阵，就是兵法战阵之事。卫国要准备打仗了，卫灵公故来问孔子。

"俎豆之事，则尝闻之矣；军旅之事，未之学也"，"俎豆"就是祭器，代表祭祀之事。孔子的意思是说我对于礼乐、祭祀的事情很在行，打仗杀人的事情别找我。卫灵公一天到晚光想着打仗，不讲求礼乐教化，根本没有办法跟他共事，这有违王道。所以，孔子第二天就毫不留恋地离开了卫国。那么孔子是不是真的不懂打仗呢？当然不是，因为这个问话暴露了卫灵公的心态，孔子觉得他不是值得辅佐的对象，所以干脆回答说自己不懂。

君子固穷

在陈绝粮，从者病，莫能兴。子路愠见曰："君子亦有穷乎？"子曰："君子固穷，小人穷斯滥矣。"

——《卫灵公篇》（15.2）

白话试译

孔子与弟子一行在陈国断了口粮，跟随的人都病倒了，几乎没人有力气站起来了。子路有些生气地问孔子："君子也有山穷水尽的时候吗？"孔子说："君子在穷困的时候也能坚守原则，小人在困窘的时候就开始乱来了。"

讲评

《论语》的文字很美、很简洁，没有废话，"在陈绝粮，从者病，莫能兴"，寥寥数语，就把孔子的困难处境描写得很传神。

孔子带着一帮徒弟在陈国断粮很久，大家都饿坏了，"莫能兴"，连站都站不起来了。这时，子路又来了，他也在挨饿，大概是因为他体格健壮，身材魁伟，肚子一饿就格外难耐，心情肯定很郁闷。很多学生心里可能在想，我们是不是跟错人了？子路心中很不爽，憋着一肚子火去见孔子，抗议说："君子亦有穷乎？"意思是君子也有山穷水尽的时候吗？这话明显带有质疑的意味。在当时那种情况下，这样的问话简直有点打落水狗的味道。他的意思是：老师您平常总讲这个、讲那个，好像很了不起，结果您怎么也会饿肚子呢？这是子路特别有意思的地方，做人稍微圆滑一点儿，当时也不会这么说。

"君子固穷，小人穷斯滥矣"，孔子的意思是，有智慧、有操守的人不能担保他一辈子不倒霉，因为他要坚持自己的理想，如果不为世人所用，他就可能一时受穷，没有人给他资助，他的谋生就可能有困难，这是怀才不遇；但是他穷困的时候，也不会妥协，因为他有志气，能够固守正道。如果是小人，一旦运势不好，三餐不济，就会乱来，彻底不讲原则了，变成有奶便是娘了。

这正印证了《易经》困卦（☷）的卦辞"亨，贞，大人吉，无咎"所蕴藏的道理。困卦虽然所处境地困穷，仍然是"亨"，跟孔子所描述的境况完全吻合。那时的孔子正处于困卦之状，资源匮乏，山穷水尽，真的是"时穷节乃见"，有时，不遇困苦就无法检验一个人的真正修为。

一以贯之

子曰："赐也，女（同'汝'）以予为多学而识（zhì）之者与？"对曰："然，非与？"曰："非也，予一以贯之。"

——《卫灵公篇》（15.3）

白话试译

孔子说："赐，你认为我是那种广泛学习并累积各方面知识的人吗？"子贡回答道："是啊，老师是这样的，难道不是吗？"孔子说："不是这样子的，我是用一个思想体系来贯通所有的知识的。"

这一章很重要，跟孔子的一贯之道有关。"女以予"是孔子主动问子贡，子贡并没有请教。老夫子看他在身边，就主动对他说："赐也，女以予为多学而识之者与？""识"音 zhì，不是记下来的意思（记下来是死学问），而是指融会贯通、消化吸收。这跟《易经》中大畜卦（☷）完全一样的："君子以多识前言往行，以畜其德。"就是要多学习前人的精彩思想和言行，并把所学的知识融会贯通，变成活学问、活本领、活智慧。

孔子在这里是想考验考验他的得意门生子贡，问他：你以为我只是多方面学习，然后把这些东西都吸收了，才累积了各方面的知识，是不是这样呢？子贡回答："是啊，难道不是这样吗？"老师的意思当然不是，不然怎么会这么问？

"非也，予一以贯之"，这就是孔子的一贯之道。"一"很重要，有学习能力，对每一门学问吸收得很好是一回事，但是能不能融会贯通，最后形成自己系统性的学问体系，恐怕就难说了。诸子百家，东方、西方什么家你都可以学，但是不能把自己的大脑变成杂货铺，只有把所学知识"一以贯之"，变成圆融而系统的体系，并提出创新主张，才是真正善学的人。大畜卦"上九"爻辞称："何天之衢，亨"、"道大行也"。这就是"畜极则通"，爻变为泰卦（☷），那才叫通。不通就很苦，因为很多东西根本没有消化。所以不仅仅是"多学而识之"，还要活学活用，建立起自己的系统，并用"一"去贯通。大畜卦上面的阳爻像不像"一"？道生一，一生二，万法归一，这才融会得很好。孔子一生也是博学、勤学，曾向老子问过礼，跟师襄学过乐……这个"一"不是一、二、三的"一"，而是整体的意思，就是佛教的"不二法门"，最后是"一"，是究竟法门，是《易经·系辞传》所说的"一致而百虑，同归而殊涂"。

子曰："参乎！吾道一以贯之。"曾子曰："唯。"子出，门人问曰："何谓也？"曾子曰："夫子之道，忠恕而已矣。"

——《里仁篇》（4.15）

白话试译

孔子说："参啊，我所讲的道是有一个中心思想贯通其中的。"曾参说："是的，的确如此。"孔子走后，其他同学问曾子："老师的道是什么意思？"曾子说："老师的道不过是忠与恕罢了。"

讲评

这一章也是老夫子自己主动对曾参讲的，在《里仁篇》里，看了这一段，大家就更能明白"一以贯之"是怎么回事了。《易经》剥卦（䷖）第五爻说："贯鱼，以宫人宠，无不利。"其中的"贯鱼"就是指贯通整合的能力，不是七拼八凑。

其实，不管是研究孔子之学，还是研究老子之学，或者研究佛学，在不同的经典里，不同的场合，很多时候圣贤对不同的问题的回答并不一样，甚至给出的答案表面看起来还会互相矛盾。另外，还有一点，再大的思想家，就算是教主级的人物，他的思想也是变化看的，不断进步的，年轻时的一些想法，或者讲过的很多东西，大家把它们记下来，到了老年的时候，有时会发现，他的思想更成熟了，就会提出新的主张。思想会有变化，这一点很正常。

《论语》不是孔子写的，但是在他过世之后，学生们把他的

《孔子圣迹图·猎较从鲁》

　　孔子仕于鲁时，鲁国人到郊外打猎，孔子也到郊外打猎。但他从不用猎物作祭品。

思想当成了宝，大家把每个人的笔记拿出来共同讨论，起码要开几次研讨会，才把它编出来的。具体负责编辑的学生有的是弟子，有的是徒孙，他们不见得有那么高的见识，有时候就把祖师爷从年轻、年老阶段所有的思想统统录在一起，其中系统性的变化根本看不出来。所以，老夫子就干脆先说明，我的思想体系其实已经是一贯的，只是一般人不见得知道，如果我们用最根本的"一"去贯穿它，理解就不会有偏差。

孔子的"一贯之道"很重要，我们说《四书》要讲到位，必须要有《五经》的底子，这样才比较容易做到贯通，因为经典是很系统的思想，不是东一句西一句，只有掌握了这些思想的主调，你才能明白经典的定位，不然的话就乱了。如果只看《论语》而不了解《五经》之学，如不懂《易经》或不懂《易经》中的《系辞传》，你一定会觉得老夫子就是在东扯西拉，怎么能称得上"至圣先师"呢？

孔子说："吾道一以贯之。"曾子曰："唯。"对孔子的说法表示认可，用一个"唯"字作答，这有点像禅宗公案了。有什么样的老师就有什么样的学生，学生讲的比老师还少。就像佛祖拈花，迦叶微笑，一下就把道给传了。

曾子答"对"，一句废话没有。"子出"，老师把门一拉，走了！似乎也有点不高兴，还以为曾参会继续发问，没想到弟子一个字就堵住了。其他的弟子有点晕乎了，赶紧问大师兄："何谓也？"老师什么意思？你们之间打什么哑谜？你怎么说"唯"呢？

"夫子之道，忠恕而已矣"，曾参把"忠恕"当成老夫子一以贯之的道了。如心之谓恕，将心比心就是"恕"，"恕"也是宽恕，意思是要设身处地替别人想，人同此心，心同此理。尽己之谓忠，曾参就说过："为人谋而不忠乎？"曾子说：老夫子讲了那么多道理，完全可以用"忠恕"这一根线去贯穿，只不过有各式各样的表现而已。曾子面对同学的提问，解释了自己对老师一以贯之的理解，意思是孔子不管论政、论礼，还是论乐、论事，"忠恕"是贯穿始终的。"忠"是代表自强不息，"恕"是代表厚德载物，"忠恕"就是乾、坤两卦。

孔子的"一贯之道"真的就是曾参所讲的"忠恕而已矣"吗？孔子并没有表态，因为他当时不在场。当然，"忠恕"是很重要，但是孔子的"一贯之道"恐怕还不是"忠恕"二字可以涵盖的。像前面孔子问子贡的那一段，老师心中可能有想法要说出来，子贡并没有问老师的"一以贯之"是什么，也没有另外的同学在旁追问。曾参被同学问到了，不管他是在应付，还是他真这么认为的，都不能说他百分之百对。如果孔子的"一"比"忠恕"更丰富、更广博的话，曾参当时的"唯"就有问题了，很可能是不懂装懂。这个解释也体现了曾参的学术性格，显得略微保守了点。就像佛讲了那么多，最后还是说，我有些话讲得不究竟，要成佛，仅有那些还不够，那只是暂时的方便法门，因为你们的根器只能到那个程度，你们听不懂究竟的智慧，我是不得已才那么讲的。

我不欲人之加诸我也

子贡曰："我不欲人之加诸我也，吾亦欲无加诸人。"子曰："赐也，非尔所及也。"

——《公冶长篇》（5.11）

白话试译

子贡说："我不愿意接受别人加在我身上的东西，我也不想把它加在别人身上。"孔子说："赐呀，这还不是你完全能够做得到的。"

讲评

这一章是子贡发表意见的时候，被老师听到了，不管是在现场听到的，还是从别人的嘴里听到的，孔子并不以为然，不过还借机勉励他。

"我不欲人之加诸我也，吾亦欲无加诸人"，这句话就是"己所不欲，勿施于人"的另一种表达。意思是，我不希望别人把一些东西加在我身上，也不希望把我的东西加到别人身上。虽然有时你觉得是在帮人家忙，可是人家可能会因为不喜欢而拒绝你的善意，你怎么能强迫他接受呢？多年的媳妇熬成婆，最怕的就是熬成婆之后，又去迫害自己的儿媳妇。孔子告诫人们要有这种同理心："己所不欲，勿施于人。"因为人性相近，自己不愿意做的事情，不能强加给别人，不管你是什么身份，这是最起码的做人原则，这一点做到了，天下就很容易太平。还有很多人是属于"己之所欲，必施于人"，像美国就很典型，它认为好的东西，不管民族文化和宗教传统的区别，硬是要向别的国家推广它的那一套，强迫人家接受，这也是造成很多祸患的根源，国际社会的很多纷争也因此而起。

"赐也，非尔所及也"，孔子说，你说得很对，但是你的修为还没有达到这个境界。"恕"的境界很高，你现在还做不到，就不要乱讲，等能做到了再说，这也是《大学》里面讲的"絜矩之道"。

夫子之文章，可得而闻也

子贡曰："夫子之文章，可得而闻也。夫子之言性与天道，不可得而闻也。"

——《公冶长篇》（5.12）

白话试译

子贡说："老师谈论有关处理政务、经纶天下的事，我还能听得明白。老师谈论的人性与天道方面的观念，我就听不明白了。"

讲评

这一章还是"子贡曰"，还是他的感慨。

"夫子之文章，可得而闻也"，注意，这里的"文章"不是我们现在写的文章，"文"与"章"在当时是国家之大事业，不朽之盛事。"闻"也不是听，是领悟的意思。孔子经常谈论"治国平天下"之事，讲得很具体，子贡是个商人，典型的务实派，对那些东西还是能理解的。

但是对那些抽象的形而上的道理他可能没有太大的兴趣，"夫子之言性与天道，不可得而闻也"，像《易经·系辞传》里就讲"性与天道"，《中庸》一开始就讲"天命之谓性"，理解这些对子贡这样的实干家来说，实在是有点难度。或者可以这样说，子贡的专长在"文章"，而不在哲学思考。但是，"内圣外王"是一体的，对孔子这种大家来讲，不能不谈"性与天道"，因为那才是究竟，"一阴一阳之谓道，阴阳不测之谓神"，它们是所有"文章"的源头。子贡之所以这样说，说明他不是没听过，只是没听懂。另外，《易经》和《春秋》的最高层次就是谈人性与天道，谈得真的很深，一般人都不见得真懂。

《论语》中只谈到两次《易经》，《春秋》是孟子谈的，很罕见。子贡听不懂，一点也不奇怪，所以孔子也讲得比较少。"性与天道"属于更高层次的、更深奥的学问，我们听了也听不懂，因为根器不够。

附：宰予其人

宰予（公元前522～公元前458年），字子我，亦称宰我，春秋末鲁国人。孔门十哲之一，小孔子二十九岁，能言善辩，被孔子许为其"言语"科的高才生，排名在子贡之前。曾从孔子周游列国，游历期间常受孔子派遣，使于齐国、楚国。

宰予好学深思，善于提问，是孔门弟子中唯一一个敢正面对孔子学说提出异议的人。他指出孔子的"三年之丧"的制度不可取，《论语·阳货篇》载，宰予问："三年之丧，期已久矣。君子三年不为礼，礼必坏；三年不为乐，乐必崩。"因此认为可改为"一年之丧"，被孔子批评为"不仁"。

他还向孔子提出了一个两难的问题，《论语·雍也篇》记载：宰我问曰："仁者，虽告之曰：'井有仁焉。'其从之也？"子曰："何为其然也？君子可逝也，不可陷也；可欺也，不可罔也。"意思是，一个仁者看见另一个仁者掉到了井里，应该跳下去救还是不应该跳下去救？孔子认为宰予提的问题在捉弄人。

还有，有名的"宰予昼寝"，这一段故事使得宰予千古留名，宰予被孔子形容为"朽木"和"粪土之墙"，而且孔子认为宰予言行不一，以前自己"以言取人"，结果"失之宰予"，从宰予那里改变了自己"听其言而信其行"的看法，而是"听其言而观其行"。

《史记》亦称宰予"利口辩辞","利口辩辞"和世间"刀子嘴、豆腐心"之人相比，都是讨人一时之嫌，但"利口辩辞"也未必就是"刀子嘴、豆腐心"，后者多半有口无心，而宰予却自有一种聪明。

只是《史记》中宰予的结局不怎么好，《史记》称："宰我为临淄大夫，与田常作乱，以夷其族，孔子耻之。"又称："宰我问五帝之德，子曰：'予非其人也。'"《孔子家语》中宰予的结局也不怎么光彩，大意是说宰予听了孔子"听其言而观其行，于予与改是"这一段议论，吓跑了，不敢再见老师了。其实，孔子倒不见得对宰予有多深的成见，《论语·先进篇》说："德行：颜渊、闵子骞、冉伯牛、仲弓。言语：宰我、子贡。政事：冉有、季路。文学：子游、子夏。"可见，孔子对宰予并未曾忘怀。孔子一辈子都在倡导"仁"，即使他给了宰予一个"不仁"的鉴定，可宰予好像也不怎么在乎，依旧我行我素。后来，由于他能言善辩，孔子外出期间，常派他打前站，终于成为孔门十哲之一。这也间接说明像宰予这样能够独立思考、绝不盲从的学生，即使偶尔睡个懒觉，打个瞌睡，也不必一板子打死。

后世对宰予的评价并未受《史记》和《孔子家语》的影响。唐开元二十七年（739年），宰予被追封为"齐侯"；宋大中祥符二年（1009年）又加封"临淄公"；南宋咸淳三年（1267年），再晋封为"齐公"；明嘉靖九年（1530年）改称为"先贤宰予"。

第八章

子路有闻

子路有闻，未之能行，唯恐有（通"又"）闻。

——《公冶长篇》（5.13）

白话试译

子路听懂了老师所讲的为人处世的道理，还未来得及付诸实践，只怕自己又听到新的道理。

讲 评

第二个"有"通"又"，以前通用。第一个"有闻"不是听见了，而是听懂了，有所领悟了。

子路是典型的实践派，他在孔门求学，每当对一个道理有所领悟的时候，就一定会去实践。如果还没有来得及实践，又听到了新的道理，他就会担心自己的库存太多。这说明子路很可爱。孔子说出的每个道理都不是虚无缥缈的，都是可以在生活中验证的，孔子的课子路大概很少缺席，听多了，就觉得老师讲的道理太丰富了，刚刚听懂一个道理还没有来得及践行，又听到了新的道理，所以"唯恐有闻"。编《论语》的人把子路的性格、特征，以及子路当时的学习状况都记录下来了，很有趣。

道不行

子曰："道不行，乘桴浮于海。从我者，其由与？"子路闻之喜。子曰："由也好勇过我，无所取材。"

——《公冶长篇》（5.6）

白话试译

孔子说："没有机会实践自己的大道，我就乘着木筏到海外去。这时，跟着我的人大概就是仲由吧？"子路听到这话，高兴坏了。孔子说："你在勇敢这一点上超过了我，可惜我还没地方去找合适的木材啊。"

讲评

"道不行，乘桴浮于海"，其实，孔、孟、老、庄这四位先生活着的时候，天下全都处于"道不行"的状态，所以他们没有一个成功的。只有孔子在鲁国还做过一点事，做过大司寇，后来也干不下去了。孟子更是白讲了一辈子，周游列国，过的净是嘴皮子的瘾，没有担任过重要的职务。老子好歹还做过周朝的图书馆馆长，后来也还是出关了。庄子做过漆园吏，在当时是很小的办事员，算不上官，后来也不干了。战国末期的荀子，倒是做过楚国的兰陵县令，是楚国的春申君请他去的，官还没有孔子大呢！

老夫子感叹他的"道不行"，其实，这种事有时候很难讲。现在想想，如果他的道在当时实行了，结果又能怎么样呢？如果他

退修诗书

孔子年四十二
鲁昭公卒定公
立季氏僭公室
陪臣执国命故
孔子不仕退而
修诗书理乐弟
子弥众

《孔子圣迹图·退修诗书》

孔子四十二岁时，鲁昭公去世，鲁定公立。这时大夫季孙氏凌驾于国君之上，而他的家臣又实际掌握了鲁国的命运。孔子不满于鲁国现状，不愿出仕为官，晚年潜心修订《诗》、《书》、《礼》、《乐》，从学弟子越来越多。

真做了某国的宰相，成了掌握实权的人，恐怕大量的时间都得花在行政事务上。恰恰因为当时的"道不行"，他的道后来才得以大行。大家想想，是不是这样？我们现在一讲中国传统文化，一定要学儒、道两家，那就是孔、孟、老、庄，有谁会去学某朝某代某个宰相的那一套呢？明末的学界大佬王夫之，明朝灭亡后，他很痛苦，发誓不做清朝的官。在写作条件那么差的情况下，他几乎把每部经典都注解了一遍，正是因为他的"反清复明"的抱负没有实现，他的学问才能传下来，他的学问才有这么大的影响力，如果他反清复明大业成功了，做上了官会怎么样？真的很难讲。

　　但是人活在世上，总是希望亲眼看到自己的理论付诸实践，这就是人性，孔老夫子也不例外。所以他会慨叹，偌大之华夏已经没有地方能实践他的抱负了，"乘桴浮于海"，干脆就乘个竹筏出国吧！"从我者，其由与？"一个人去的话太寂寞，旁边总要有个人，这样在心情不爽的时候，还可以骂骂人，宣泄、调剂一下。老夫子不是山东人吗？那地方离海很近。子路当然很高兴，当时恐怕真的只有子路能有情有义地跟着老师亡命天涯，而且是老师亲自点的名。没想到老师接下来就幽了他一默，说："由也好勇过我，无所取材。"意思是，你在勇敢这方面超过了我，可我还没地方找到合适的木材啊。这里面明喻、暗喻都有，孔子对这个学生也是感到既好气又好笑。第一层意思是说：我还不知道什么地方可以找到能做出海所需竹筏的材料。第二层意思是说，你是很勇敢，但我不还知道怎么用你才比较好，一听到老师要用你就乐不可支，将来一旦老师一骂你，或者你一挨饿，又变得乱七八糟，你这个人哪，很难用的，我还是再琢磨琢磨吧！这其中有点戏弄的味道，意思是我只是发个感慨而已，你那么认真干什么？

子路、冉求、公西华之"仁"

孟武伯问："子路仁乎？"子曰："不知也。"又问。子曰："由也，千乘之国，可使治其赋也，不知其仁也。""求也何如？"子曰："求也，千室之邑，百乘之家，可使为之宰也，不知其仁也。""赤也何如？"子曰："赤也，束带立于朝，可使与宾客言也，不知其仁也。"

——《公冶长篇》（5.7）

白话试译

孟武伯问孔子："你的学生子路是不是一个仁者呢？"孔子说："我不知道子路算不算。"孟武伯再问。孔子说："仲由可以让他去治理好一个有千辆兵车规模的国家，我不知道他能不能行仁。"又问："冉求怎么样？"孔子说："对于一个千户人口的城邑，一百辆兵车规模的卿大夫家，可以让他去担任家臣，不知道他能不能行仁。"又问："赤怎么样呢？"孔子说："赤啊，穿戴好官帽礼服，他可以在朝廷上接待来访的贵宾，但是不知道他能不能行仁。"

讲评

孟武伯，姓仲孙，名彘，谥"武"，鲁国大夫孟懿子的儿子，出身贵族，骄奢淫逸，有声色犬马诸多切身之疾。

"子路仁乎？"子路在孔门的学生中很有威望，爱表现，又有政治才干，孟武伯就问孔子，子路是不是一个仁者呢？我们都知道，《论语》中的"仁"是很不容易成就的，老夫子从不轻易以"仁"许之，集中谈"仁"主要是在《里仁篇》。其他篇里也谈，但是比较散。对"仁"也没有确定标准的定义，对于不同的人，孔夫子会根据其根器，给出不同的答案。但是在孔子眼中，"仁"

是一个很高的标准，这是肯定的。子路够不够得上一个仁者的标准呢？孔子回答："不知也。"之所以说不知道，是因为不能随便讲一个人有没有达到"仁"的标准。孟武伯觉得没有得到明确的答案，不甘心，就追问。

"由也，千乘之国，可使治其赋也，不知其仁也。"孔子还是不轻易说学生中谁达到了仁者的境界，只是说子路有才干，千乘之国，如果让他治三年，面对很险恶的国际形势，他可以让每个人都有为国家奋斗的勇气，国家的财政、军事也能管理得井井有条。至于这样子是不是可称为一个仁者呢？显然不是一回事。可见，孔子对"仁"者的判定，是很严谨、很审慎的。

孟武伯就继续问："求也何如？"那冉求呢？"求也，千室之邑，百乘之家"，这个规模就比较小了，"方六七十，如五六十，可使为之宰也"，他可以去做卿大夫封邑的家臣，这个规模和档次的管理他没问题。老夫子对每个学生的长处都非常了解，外人来问他也这么说，绝不随便承认他们就是仁者。颜渊也曾问过"仁"，恐怕在老夫子心目中，颜回是最接近"仁"的了，其他的学生可能有许多实务方面的干才，或者是政治，或者是外交，或者是军事，或者是其他的，但不能说他们已经达到"仁"的程度，至少不能轻许。

"赤也何如？"公西华怎么样？"束带立于朝，可使与宾客言也。"他是那种招待国宾的外交人才，前面公西华也曾自言"愿为小相焉"，穿上礼服，戴上礼帽，做礼宾司主管，外交上的应酬周旋，他能让宾主尽欢。

每个学生的长处孔子随口就能说得出来，这一段太有意思了。问题是，到底是孔子让大家言志那一段在先，还是这一段在先，没人知道。如果那一段在先，那就是因为学生们自己讲过各自有什么长处，碰到有外人问，孔子马上就答出来了。看起来好像那一段应该在前，因为这两段明显是有关联的。老师对学生的了解，先由学生自报家门，就像现在填志愿一样，说出自己的长处和爱好，这样别人一旦问起，老师就有答案可以搪塞了。

闻一知十

子问子贡曰："女（通'汝'）与回也孰愈？"对曰："赐也何敢望回。回也闻一以知十，赐也闻一以知二。"子曰："弗如也，吾与女弗如也。"

——《公冶长篇》（5.8）

白话试译

孔子问子贡说："你与颜回两个谁比较出色？"子贡回答："我怎么敢跟颜回比？他听懂一个道理就可以领悟十个相关道理，我听懂一个道理只能领悟两个相关道理。"孔子说："你是不如他啊，我赞同你的看法。"

讲评

"女与回也孰愈"，"愈"就是出色、超凡的意思，孔子问子贡，你们两个谁比较出色？即便是在老师跟学生之间，这种话回答起来风险也蛮高的。

子贡恭恭敬敬地回答："我怎么敢跟颜回比？他听懂一个道理可以领悟十个相关道理，我听懂一个道理只能领悟两个相关道理。"照子贡自己的说法，他的领悟力比颜回差五倍。这里的"闻"仍然是领悟的意思。颜回的思维特别灵活，又冰雪聪明，能做到一法通、百法通。注意，"十"不是实指的数量词，就像我们管东南西北叫"四方"，如果把那四个角算进去就是八方，如果再把上下算进去就是佛教讲的十方，有"十方诸佛"之说。"闻一以知十"的意思是其中的一个道理跟其他的道理是有逻辑关系的，像颜回这样聪明的学生一点就透，告诉他冰山的一角，他就能知道整座冰山的样貌了。

其实我们学习《易经》中的那些卦与卦、爻与爻的关系时都需要有"闻一以知十"，或"闻一以知二"的领悟能力，这是最起码的资质。现在我们的学生常常是闻一以知半，还希望老师把另外那半个再告诉他。你告诉他之后，他也就只知道一，这样真是把老师累死了，也气死了。

"弗如也，吾与女弗如也"，孔子说："你是不如他啊，我赞同你的看法。""与"是赞同、肯定的意思。因为子贡讲的完全是事实，没有夸张，也没有保留。这世间就是"人比人，气死人"！那么多人学佛，一到六祖惠能面前就无所措其手足，一遇见他才发现自己不行，才知道自己用错功了。这就叫"天外有天，人外有人"，所以人什么时候都不能骄傲，就算你是当今第一了，你能跟古人比吗？就算你已超越古今，那也没什么好自满的，因为"焉知来者之不如今也"，所以做人非谦虚不可。

发愤忘食，乐以忘忧

叶（shè）公问孔子于子路，子路不对。子曰："女（通'汝'）奚不曰：'其为人也，发愤忘食，乐以忘忧，不知老之将至云尔。'"

——《述而篇》（7.19）

白话试译

叶公问子路："你的老师是什么样的人？"子路没有回答他。

孔子知道后对子路说："你为什么不这样回答他：'他这个人呢，发奋向学常常忘记吃饭，心中以道为乐就忘记了忧愁，连自己一天天衰老了都不记得，如此而已。'"

讲评

　　这一章跟子路有关，属于师生间的了解、互动。叶公是楚国叶县的县官，他向子路打听孔子："你的老师是个什么样的人？"叶公的用意大概是想弄清楚是孔子是不是像传说的那样了不起？子路没有回答，这下妙了，子路从来都是抢着说话的，这次有人问起老师的情况，他居然不说话，白白失去一次对外宣传老师的机会。老夫子不高兴了，心说你平常在自己人面前那么喜欢说，该讲的时候你居然不讲。也许叶公问子路时，他一时没反应过来，也许子路真的不知该如何向外人描述自己的老师。他对老师有感情是一回事，但他不见得真懂得老师。

　　孔子知道了这事，就说，你为什么不这样回答他："其为人也，发愤忘食，乐以忘忧，不知老之将至云尔。"意思是说，孔子发奋向学常常忘了吃饭，内心以道为乐就忘了忧愁，连自己一天天衰老了都不知道，如此而已。孔子的意思是，我给出一个标准答案，下次要记得，再碰到有人问类似的问题，你就这样回答他们，这样才是真懂老师的学生。"不知老之将至"，已经变成我们现在常说的话了。确实如此，人如果真能深入到某个学问或者某个专业之中，全身心投入，知之者不如好之者，好之者不如乐之者，乐在其中的人肯定会忘掉年龄，所以说一个人真正的年轻是心理年轻。如果没有任何追求，感觉任何东西都没劲，就特别容易显得老态龙钟。"不知老之将至"是非常棒的人生境界。

回也不改其乐

子曰："贤哉！回也。一箪食，一瓢饮，在陋巷，人不堪其忧；回也不改其乐，贤哉！回也！"

——《雍也篇》（6.11）

白话试译

孔子说："颜回了不起啊！平日吃的是一小篮饭，喝的是一瓢的白开水，住在房屋低旧的巷子里，一般人都无法忍受那种生活的愁苦，可是颜回并没因此改变他欢乐的态度，真是了不起啊！"

讲评

这是老夫子对爱徒颜回直接的赞扬，给记载下来了。"一箪食，一瓢饮"，饮食比较粗糙，粗茶淡饭，而且"在陋巷"，住在贫民窟。颜回所居的陋巷现在也变成了景点，虽然已不复原貌，但还有一座碑在，只是杂草丛生。"人不堪其忧"，一般人遇到这样的环境，愁都愁死了，但是"回也不改其乐"，这个乐就是乐道，安贫乐道，不刻意去追求物质欲望。"贤哉，回也"，孔子说完，再次感叹，内心的叹惜增强。

自我设限

冉求曰："非不说（通'悦'）子之道，力不足也。"子曰："力不足者，中道而废，今女（通'汝'）画。"

——《雍也篇》（6.12）

白话试译

冉求说："我不是不喜欢您老讲的道，我实在是力量不够。"

孔子说："如果一个人真正是力量不够，也要走到半路才放弃，可你现在是自我设限。"

这一章是冉求给自己找借口。"非不说子之道"，"说"就是"悦"，喜欢的意思。冉求说："我不是不喜欢您老所讲的道，我实在是力量不够。"人都是这样的，凡事爱找借口。

"力不足者，中道而废"，孔子说，如果一个人真正是力量不够，出要走到半路才放弃，但是至少你得先努力往前走。可现在冉求是先自我设限。"今女画"，意思是还没出发，就找个借口说走不了，这不就是画地为牢吗？有些人虽然力量不够，却还在尽量努力向前，到最后实在不行了，至少走了一半呢！这比自我设限的心态要好得多。

其心三月不违仁

子曰："回也，其心三月不违仁。其余则日月至焉而已"。

——《雍也篇》（6.7）

白话试译

孔子说："颜回呢，他可以很长时间不违背仁德的本心。其他的弟子就只能在短时间做到那样子了。"

讲 评

"三月"，代表长时间，是一个约数，并非三个月。"其心三月不违仁"，意思是颜回的心在很长时间内可以不违背"仁"。这说明他的修为已经达到一定的境界，"行仁"能做到持之以恒。

韦编三绝
孔子自卫反鲁岁终
不能用胜而喜易序
彖系象说卦文言读
易之勤韦编三绝三
绝因做我数年以学

《孔子圣迹图·韦编三绝》

　　孔子周游列国从卫国返回鲁国后，鲁国始终不重用他。此时他喜欢读
《易》，以至穿竹简的皮绳都磨断多次。他说："早给我数年时间学习《易》，
就不会犯大的过错了。"

"其余则日月至焉而已"，意指颜回以外的弟子，只能在短期内做到不违仁，没有办法像颜回那么稳定、持久，可能一遇到诱惑，就偏离了。这就是修为功力的差别。

由也果、赐也达、求也艺

季康子问："仲由可使从政也与？"子曰："由也果，于从政乎何有？"曰："赐也可使从政也与？"曰："赐也达，于从政乎何有？"曰："求也可使从政也与？曰："求也艺，于从政乎何有？"

——《雍也篇》（6.8）

白话试译

季康子问："仲由可以让他从政吗？"孔子说："仲由是个果敢的人，从政对他来讲有什么问题呢？"季康子问："赐可以让他从政吗？"孔子说："赐是个通达的人，从政对他来讲怎么会有困难呢？"季康子又问："冉求可以让他从政吗？"孔子说："冉求是个精通六艺的人，从政对他来讲何难之有呢？"

讲评

季康子，鲁国的权臣。季康子问国之大佬孔老夫子，子路是否可以从政。孔子说："由也果。""果"即果敢、果决，敢做敢当是从政者必备的本领和修为，这是子路的强项，从政对他来讲一点也不困难。

季康子又问及子贡。子贡既有钱，又聪明能干，问子贡从政怎么样？孔子说："赐是个通达的人。"子贡的性格特征确实就是"达"，做到了"己欲立而立人，己欲达而达人"，他很圆融，通情达理，不迂腐，也不冬烘，对他来讲，从政怎么会有困难呢？

季康子再问，冉求可以从政吗？"求也艺，于从政乎何有？"注意，"艺"特别重要，它是跟从政有关的，一般人容易误会，把艺解释成"多才多艺"，其实是以前所谓的"六艺"，指"礼、乐、射、御、书、数"，是那个时代最基本的文化素养，能驾车、会射箭……文武双全才能称"艺"。冉求在这几方面都很精通，办事也很妥当，从政不是难事。

不迁怒，不贰过

> 哀公问："弟子孰为好学？"孔子对曰："有颜回者好学，不迁怒，不贰过。不幸短命死矣。今也则亡，未闻好学者也。"
>
> ——《雍也篇》(6.3)

白话试译

鲁哀公问孔子："您的学生当中，谁是最好学的人？"孔子回答说："有个名叫颜回的很好学，不把怒气发泄到别人身上，同样的错误不犯两次。很不幸，他短命而死。现在我这里已经没有好学的学生了。"

讲评

鲁哀公在孔子晚年常向孔子垂询，有时希望孔子推荐几个人才。孔子一直以颜渊早死为憾。知徒莫若师，颜回死后，孔子身边再也没有在好学方面够标准的学生了。颜渊确实很厉害，他能够做到的，别人不一定能做到。

首先是"不贰过"，重复的错误不犯第二次。这是最难做到的。我们所犯的错，常常是由于自身个性的弱点造成的，一旦到了那个场合就很难自控。比如，很多人沉迷于某种恶习无法自拔，有人迷于酒，有人迷于色，有人迷于财，好了伤疤就忘了疼，常在一个地方跌倒若干次。所以，"不贰过"是很有生命力的境界，也是很有智慧的境界。《易经》乾卦第三爻的"君子终日乾乾，夕惕若，厉，无咎"所表达的就是这个含义。

其次是"不迁怒"，不把怒气转移到别人身上，个人情绪随时能自我做主。这一点要做到也很难，因为人有怒气如果无法向惹你生气的人发泄，就可能会发泄到无辜的人身上。打小孩，骂太太，都是"迁怒"，"迁怒"之后，自己没了库存的怒气，就不用再憋着了，但是这样做对别人不公平，自己也显得没有修养。

可见，"不迁怒，不贰过"看似容易，其实是高难度的修为。颜回能做到，说明他学得好，也力行得好。

曾子有疾

曾子有疾，召门弟子曰："启予足！启予手！《诗》云：'战战兢兢，如临深渊，如履薄冰。'而今而后，吾知免夫！小子。"

——《泰伯篇》（8.3）

（白话试译）

曾子生病了，就把他的学生找来说："你们检查一下我的手和脚是不是还完整，《诗经》上说：'战战兢兢啊，好像走在深渊旁边，好像走在薄冰上面。'直到现在，我才敢说自己可以免于毁伤了。同学们记住啊！"

（讲评）

这一篇出自《泰伯篇》，说的是曾参病重时的情景。

人都会生病，佛说，只要是人身，就会生病，人的生老病死不可避免。曾子生病了，看起来很严重，有往生的可能，就把他的学生们找来。他的学生就是孔子的徒孙，曾子学派的。

"启予足，启予手"，他躺在病榻上，盖着被子，就对学生说，你们打开被子检查一下我的手和脚是不是还完整。曾子这样说，是因为《孝经》上说："身体发肤，受之父母，不敢毁伤，孝之始也。"意思是看看我有没有损害父母给我的这个身体。

《诗》云："战战兢兢，如临深渊，如履薄冰。"人就是要戒慎恐惧地活。"如临深渊"，"渊"就是乾卦第四爻"或跃在渊"、讼卦《象传》"入于渊"的"渊"，站在深渊旁当然是很小心。"如履薄冰"，履卦的"履虎尾"的"履"，冬天走在薄冰上，肯定要小心谨慎。"临"跟"履"都是人生中非常重要的实践，一定要有风险意识，小心谨慎，否则很容易身败名裂。

"而今而后，吾知免夫"，曾子都是要走的人了，还说"而今而后"，大概也是"说到老、做到老、学到老"的意思，这是他的自我要求。人不管如何戒慎恐惧，还是会犯一些错，但只要还有一口气，就不能做对不起别人，尤其是对不起父母的事情，包括不能伤到自己的手足。这些看起来好像是小节，其实不是，这是一种人生境界，这一段让我们对曾子有了鲜活具体的认识。

人之将死，其言也善

曾子有疾，孟敬子问之。曾子曰："鸟之将死，其鸣也哀；人之将死，其言也善。君子所贵乎道者三：动容貌，斯远暴慢矣；正颜色，斯近信矣；出辞气，斯远鄙倍矣。笾豆之事，则有司存。"

——《泰伯篇》（8.4）

曾子生病时，鲁国大夫孟敬子前去探望。曾子说："鸟快死的时候，它的叫声是哀戚的；人临死时，他讲的话是充满真情的。君子学道之后要特别珍视的，包括以下三项：自己的举止仪态要威严，如此可以远离粗暴与傲慢；自己的神色要很庄重，这样就比较容易表现诚信；说话的语气和声调要稳重，如此就可以远离鄙陋与轻狂了。至于祭祀事务中的那些细节，委任那些具体执行的人去做就好了。"

讲评

孟敬子也是鲁国的大夫。曾子生病的时候，孔老夫子已经过世了，因为他是孔子的高徒，在当时的影响力应该蛮大的，所以孟敬子就来探视他，曾子的话大概就是临终遗言了。"鸟之将死，其鸣也哀；人之将死，其言也善。"这些话很动情，也很感人。人在快要死的时候，希望能讲一些真正对社会、对人类有启发，对改变社会风气有益的话，总之就是说真话了。

"君子所贵乎道者三"，君子学道之后要特别珍视的，包括三项。

第一个是"动容貌，斯远暴慢矣"。你的举止仪态，都不能显得粗暴、傲慢、嚣张，让人看了不舒服，这也是"礼"。《易经》的履卦（☲），真的"如履薄冰"，"上九"爻辞称："视履考祥，其旋元吉。"人生中很多人际关系和事务，都需要心平气和地去处理；如果动不动就生气，表现得很粗暴、很傲慢，那还能干成什么事？

第二个是"正颜色，斯近信矣"。我们常讲人面临事情要正色以对，很认真，很庄重，不轻浮，这样的人就会给人以信任感，以诚信待人，人无信不立嘛！

第三个是"出辞气，斯远鄙倍矣"。人讲话是要靠气去推动的，有的人讲话很好听，有的人讲话听上去就像跟人吵架一样。说话的语气与声调要稳重、缓和，这样就可以远离鄙陋与轻狂了。

这些看上去是小节，其实不是。尤其作为领导人、社会名流，这些社会影响大的人都必须重视这些。第一，"动容貌，远暴慢"；第二，"正颜色，斯近信"；第三，"出辞气，远鄙倍"。

这些做好了，"笾豆之事，则有司存"，至于祭祀事务上的那些细节，委任下面那些具体执行的人去做就好了，领导人就没必要去管那么多细节。

犯而不校

曾子曰："以能问于不能，以多问于寡，有若无，实若虚，犯而不校，昔者吾友，尝从事于斯矣！"

——《泰伯篇》(8.5)

白话试译

曾子说："自己能力强却去请教能力逊于自己的人；自己博学广识，却去请教那些见闻少的人；很有能耐，可是看起来好像没能耐一样；内在有真才实学，可是外面好像空无一样。别人冒犯，也不去计较。过去我的一位朋友，他就曾做到了上面这几点。"

讲评

这一章还是关于曾子，有点像曾子的专章了。这里讲的"吾友"是指颜回。

颜回早死，曾子也很怀念这位学长，他说，曾经有过这样一个好的典范，颜渊自身已经很优秀了，可是他有谦德，常向那些整体来讲不如他的人请教。"以能问于不能，以多问于寡"，这绝对不是矫情，因为人不可能什么都懂，整体上讲可能你博学广闻，但是还有很多东西是要向别人学习的。

"有若无，实若虚"，颜回明明一肚子学问，可他从不炫耀，就像没有一样。内在有真才实学，可是表面上好像空无一样，这就是颜渊所谓的"愿无伐善，无施劳"的具体表现。

"犯而不校"，"校"就是计较，人生中一定会有人的言行对你有所冒犯，可是颜回根本不去计较。其实，本来就没什么好计较的，难道狗咬你一口，你也要咬狗一口吗？找对手也要看档次是不是？人一生有忙不完的事，没有时间去计较，有些事情也根本不值得去计较，不用在乎别人理解不理解。"昔者吾友，尝从事于斯矣"，这是曾子对颜回佩服的地方。

可以托六尺之孤

曾子曰："可以托六尺之孤，可以寄百里之命，临大节而不可夺也；君子人与？君子人也。"

——《泰伯篇》（8.6）

白话试译

曾子说："可以把年幼的孤儿托付给他照顾，可以把整个政权的命运交给他负责，在紧要关头也不改变操守；这种人称得上是君子吗？绝对称得上了。"

讲评

"可以托六尺之孤"，"孤"，死去父亲的小孩，六尺指十五岁以下，古人以七尺指成年。托孤，受君主临终前的嘱托辅佐幼君。

以前有很多国君往往在权力转移最危险的时候临终托孤，因为要继承王位的国君太小，需要拜托顾命大臣。《三国志》记载的"白帝城托孤"就是如此。刘备病危之时，召丞相诸葛亮、尚书令李严托孤，命二人辅佐其子刘禅，其间刘备与诸葛亮曾经有一段对话，据《三国志·蜀书·诸葛亮传》记载：

> 章武三年春，先主于永安病笃，召亮于成都，属以后事，谓亮曰："君才十倍曹丕，必能安国，终定大事。若嗣子可辅，辅之；如其不才，君可自取。"亮涕泣曰："臣敢竭股肱之力，效忠贞之节，继之以死！"先主又为诏敕后主曰："汝与丞相从事，事之如父。"

刘备在托孤给诸葛亮时，是用了计谋的，先用话把诸葛亮锁死，然后诸葛亮果然说："那绝对不行。"结果他一直辅佐阿斗，鞠躬尽瘁，死而后已。

"可以寄百里之命"，意思是可以把整个政权的命运就交给他负责。遇到值得信赖的人，就可以"托孤寄命"，托付之人可以死而瞑目，不必担心死后受托人的背叛，他绝对会遵守承诺。但是，清代顺治帝临终托孤，却看错了人，四大顾命大臣之一的鳌拜就专权跋扈，不把年幼的康熙放在眼里，以致康熙亲政后，第一件事就是除鳌拜。

"临大节而不可夺也"，这句话大家都懂，人生中有的是大节、有的是小节，"大德不逾闲，小德出入可也"，大节是没得商量的，绝对不能逾越。"不可夺"，是不能改变，不能夺其志，说明他完全经得起考验。"君子人与？君子人也"，意思是这种人是不是称得上君子呢？绝对称得上了。

孔子昼息於室而鼓琴
闵子自外闻之以告曾
子曰向也夫子鼓琴音
清澈以和沦入之远令
变为幽沉之音夫子何
感而若是二子入问孔
子回然吾见猫方见
鼠欲取之而得之状
状为此音可以统音矣

《孔子圣迹图·昼息鼓琴》

　　孔子白天在室内弹琴，闵子骞在室外听到后对曾子说："平时老师弹琴，琴声清澈和谐，今天变为幽沉之声，老师有什么感想而这样呢？"于是两人入室问孔子。孔子说："我看见猫捉老鼠而将要捉到的情形，所以弹出幽沉之音。能听出这种变化，可以和你们谈论乐了。"

值得让人"托孤寄命、临大节不可夺",能做到这一点很不容易。但是实际上"托孤"是一回事,"寄命"是另一回事。历史上很多类似的情形,结果好的并不多。有时候受托者对上一代人是承担了,真的照顾了,可有时候被照顾者不见得需要照顾,甚至有时候还会干掉你。

士不可以不弘毅

曾子曰:"士不可以不弘毅,任重而道远。仁以为己任,不亦重乎?死而后已,不亦远乎?"

——《泰伯篇》(8.7)

白话试译

曾子说:"一个读书人一定要有恢弘的气度与刚毅的精神,因为他的任务重而路程远。把行仁当作自己的任务,能不重大吗?到生命结束才停下来,路程能不遥远吗?"

讲评

这一章都是些名言,很有力量。注意,"士"又出来了,前面讲的"行己有耻,使于四方,不辱君命"的"士",就是讲一个知识分子最起码的气节。这里的"弘"就是《易经》坤卦《象传》讲的"含弘光大"的"弘","毅"是指毅力,负重行远,所以叫"任重而道远"。

"不可以不"是说这是基本条件。"仁以为己任","仁"是很高的标准,作为"士"要把它当成自己的使命来完成,那肯定是重任,因为那么多人都距离"仁"很远。只有颜回"其心三月不违仁。其余日月至焉而已"。以"仁"为己任,要干到死才停止,

"不亦远乎？"所以这条路很长。

"弘"跟"毅"不同，"弘"是心胸宽广，是包容、顺势、气量宽；"毅"是意志力坚强，一旦设定目标就绝不放弃，就算最后输了也绝不改其志。"毅"的人不一定"弘"，"弘"的人不一定"毅"，一个人既"弘"且"毅"那就更难了。心量放宽，走长路才算是"弘毅"。举一例子，蒋介石这一辈子绝对称得上"毅"了，但在"弘"上面不见得是满分，在他执政期间不是也起了很多冲突、出了很多状况吗？心量放宽了，走长路，才是"弘毅"。就是蒋介石写的字跟孙中山写的字比起来也绝对不一样，孙中山的字透着博爱、天下为公的味道，很有"弘"的气象；蒋介石的字每一笔都像剑一样，有棱有角，锋芒毕露，很有"毅"的气象（大概他也是军人出身吧）；而毛泽东的字，龙飞凤舞，典型的不拘一格，很有霸气。

智、仁、勇三达德

子曰："君子道者三，我无能焉。仁者不忧，知（通'智'）者不惑，勇者不惧。"子贡曰："夫子自道也。"

——《宪问篇》（14.28）

白话试译

孔子说："君子所向往的三个境界，我还没有办法完全做得到：一个仁者，他不会忧烦自己的一些私事；真正要有大智慧的人，不会惑于自己的欲望；真正勇敢的人，无所畏惧。"子贡说："老师这是在讲他自己呀。"

讲评

这章出自《宪问篇》，跟子贡有关。

"君子道者三"，君子所向往的三个的境界，孔子认为自己还做不到。"我无能焉"，是指还没有办法完全做得到。

"仁者不忧，知者不惑，勇者不惧"，这就是儒家的三达德——智、仁、勇。在《中庸》里也有提到。真正的仁者，是不会因一己私事而烦忧的，因为他心里装着别人，不自私自利，具有核心的创造力。真正有大智慧的人，一定是冷静从容的，不会被欲望绑架。《易经·系辞上传》第四章称："乐天知命，故不忧；安土敦乎仁，故能爱。"与这里完全是相通的，当然，《系辞传》本来就是孔子的言论。

"夫子自道也"，孔子谦逊地说这三个境界自己很向往但还没做到，子贡却说："夫子是在讲他自己。"在子贡看来，孔子做的已经比学生好太多了。

"不忧、不惑，不惧"，人生能做到这"三不"真的太不容易了，由于内心的软弱，我们常常会害怕很多东西，所以佛教的布施里有一种"无畏施"，你不是怕这个怕那个吗？怕得癌症，怕失业……佛法就要教导你无畏——什么都不怕。

子贡方人

子贡方人。子曰："赐也贤乎哉？夫我则不暇。"

——《宪问篇》（14.29）

白话试译

子贡评判别人的是非。孔子说："赐啊，你自己已经很好了吗？我可没空管人家的闲事呢！"

讲评

"方人"就是评判人。子贡大概觉得自己不错，经常看有的人不顺眼，动辄批评这个、批评那个，聪明人常常这样。但是，来说是非者，必是是非人，还是自修比较重要，你管那么多闲事干吗？从这里我们也能了解子贡了，有才华，交际广，喜欢议论品评是非。

"赐也贤乎哉？夫我则不暇"，孔子说，你自己已经做得很好了吗？有闲时间应该自己努力修行，要是我可没空管人家的闲事！这也是很实际的说法。

不患人之不己知

子曰："不患人之不己知，患其不能也。"

——《宪问篇》（14.30）

白话试译

孔子说："不担心别人不了解自己，要担心的是自己能力还不够。"

讲评

"不患人之不己知"，不要怕别人家不了解你，"患其不能也"，关键是自己有没有真本事，值不值得得别人来了解。这一则跟《学而篇》最后的"不患人之不己知，患不知人也"，意思差不多，只是说法稍有不同而已。孔夫子经常强调人要加强自修。

附：仲弓其人

冉雍（公元前522年～？），字仲弓，春秋末年鲁国人，今山东菏泽人。传说为少昊（黄帝之子，中华五帝之首，中华民族的共祖之一）之裔，周文王之后，世居菏泽之阳，人称"犁牛氏"。冉雍品学兼优，为人度量宽宏，"仁而不佞"。《论语·雍也篇》

孔子说，"雍也可使南面"，这是对冉雍的高度评价，认为他可以担任封国之君。后来的荀子对他更加称许，《荀子·非十二子》称："今夫仁人也，将何务哉？上则法舜禹之制，下则法仲尼子弓之义，以务息十二子之说。"将他和孔子相提并论。

冉雍作为孔子弟子，小孔子二十九岁，是孔子较为早期的学生。冉雍与冉耕（伯牛）、冉求（子有），皆在孔门十哲之列，史称系同一宗族，世称"一门三贤"。《史记·仲尼弟子列传》记载冉雍的文字不多，但透露了孔子对其的赞赏：

仲弓问政，孔子曰："出门如见大宾，使民如承大祭。在邦无怨，在家无怨。"孔子以仲弓为有德行，曰："雍也可使南面。"仲弓父，贱人。孔子曰："犁牛之子骍且角，虽欲勿用，山川其舍诸？"

这段话的意思是：仲弓问如何处理政事，孔子说："出门做事如同接待贵宾一样谦恭有礼，使用百姓如同承办隆重的祭典一样虔诚谨慎。这样，在诸侯的封国里任职，就没人怨恨你，在卿大夫的家邑里任职也不会有人怨恨你。"孔子认为仲弓在德行方面有成就，说："冉雍啊，可以让他做个卿大夫级的大官。"仲弓的父亲，是个地位卑微的人。孔子打比方说："杂色牛生出红色的小

牛，两角长得周正，即便你不想用它作祭品，山川的神灵难道会舍弃它吗？"

冉雍曾做过季氏私邑的家宰，他为政"居敬行简"，主张"以德化民"。但是在季氏做官三月，"是待以礼貌，而谏不能尽行，言不能尽听，遂辞去，复从孔子。居则以处，行则以游，师文终身。"

在孔门弟子中冉雍以德行著称，排在伯牛之后，孔子的"雍也可使南面"之誉，是孔子对其弟子的最高评价。孔子临终时还在弟子们面前夸奖他说："贤哉雍也，过人远也。"《荀子·儒效篇》中，也把冉雍与孔子相提并论："通则一天下，穷则独立贵名，天不能死，地不能埋，桀、跖之世不能污，非大儒莫之能立，仲尼、子弓（即仲弓）是也。"

孔子过世后，仲弓与闵子骞等人，编撰《论语》，又独著六篇，称《敬简集》，但经秦火后，书已不存。

冉雍死后，葬于曹州，与伯牛、子有合祠，后人建专祠祭祀。唐开元二十七年（739年）追封为"薛侯"；宋大中祥符二年（1009年）加封"下邳公"；南宋咸淳三年（1267年）封为"薛公"；明嘉靖九年（1530年）改称"先贤冉子"。

第九章

以经解经

我在开始讲解《论语》的时候，就给大家介绍过《论语》的架构，提到过它与《孟子》、《大学》、《中庸》之间的关联。其实还有一点更重要，一般人不怎么清楚，也非常容易忽略的，就是《四书》跟《五经》也有着密切的关系。《五经》属于非常系统的经典，而《四书》，尤其是《论语》，它是一部答问录，其中常常讲出《五经》的结论，而那些结论是经过长期的推演、思考、验证才得出的，是借学生的，或者当时某些人的问题，随机产生、自然流露的答案。如果不是真正了解《五经》，对这些结论的解释就难免断章取义，这是比较麻烦的。

所以，严格地讲，如果对《五经》的认识不是很到位，是不可能真懂《四书》的，充其量只能是些支离破碎的领会，或者只把它们当成教条式的道德守则，成不了系统。说实话，当代中国人或者是老外们要对中国传统文化有比较系统、准确的了解，目前还存在着难以跨越的障碍。很多当代的名流，不管是内地的，还是台湾的，他们对中国古典文化的精髓以及真正的底蕴并没有真正搞清楚。可是，他们又因为担负着一定的社会职务，大众对他们又充满期望，希望他们在一些重要的问题上发表看法，可他们常常说的是外行话，因为他们本身的智慧不够，只局限在自己研究的领域之中，对传统文化根本没有去深入认识和理解，就轻易下结论，这样的结论就容易误导社会大众。《论语》对此有评论："知之为知之，不知为不知，是知也。"

我之所以这样讲，就是因为《四书》是以《五经》为根柢的，现代的知识分子功夫没有下到家，又没有好的老师带，怎么可能知道这些呢？如果他们能够谦虚一点，审慎一点，就不会乱讲话了。

我们还是耐下心来，看看《论语》里到底讲了些什么，先看《学而篇》中有子的话。

礼之用，和为贵

有子曰："礼之用，和为贵，先王之道斯为美，小大由之。有所不行，知和而和，不以礼节之，亦不可行也。"

——《学而篇》（1.12）

白话试译

有子说："人生中各种规范的作用，以能形成和谐的最为珍贵。过去那些帝王的治国之道就是以这些规范为美的。不管是小人物，还是大人物，统统都按照这个礼去做。遇到行不通时，如果仅仅为了达到得到和谐的目的，而不用道理来节制的话，也还是行不通的。"

《孔子圣迹图·论穆公霸》

　　齐景公和国相晏婴来到鲁国，问政于孔子："从前，秦国国小处僻，秦穆公为什么能称霸呢？"孔子回答说："秦虽国小但志大，地虽偏僻但行中正。他用五张羊皮把百里奚从囚牢中赎出来委以重任，所以能够称霸。"齐景公听后很高兴。

　　"和为贵"这句话已经变成华人社会的很普遍的准则。做生意的人常常讲"和气生财"，要想盈利，就得想办法争取消费者，所以生意人通常都有相当柔软的身段。当然不只是做生意的要讲究和，人世间本来就充满了纷争，《易经》的谦卦（☷☶）强调"谦和不争"，就是因尊重自己，尊重别人，尊重天地自然，尊重宇宙万物，只有这样，整个社会才可能变得比较祥和。

　　"礼之用，和为贵"，礼为体，和为用，这个"用"很重要。在现实中，有些人一天到晚跟别人发生冲突，国与国之间动辄以武力相向，不同的宗教之间形同水火，这怎么得了？学过《易经》的人都清楚，"和"字是一以贯之的，咸卦（☱☶）《象传》称"天下和平"，乾卦（☰☰）《象传》称"万国咸宁"，这是由"体"而发的大"用"。那什么叫"礼"呢？礼就是社会中人们彼此互动的规范，既强调自重，又提倡尊重别人，上对下、下对上、平辈对平辈都得有礼。没有"礼"，人类社会的秩序就无法维系。

　　当然，随着时代的演变，礼也是与时俱进的，但是绝对不能没有，否则的话就乱套了。礼不同于法，法是社会的道德底线。任何社会、任何团体都要制定出一些互动的规范，大家共同遵守，这个规范就是要讲理的。礼节的"礼"跟道理的"理"这两个字在以前是互训、互通的，意思差不多。换句话说，"礼"一定要合理，如果不合理，可能就要改，不改就变成束缚人的礼教，不合时宜，就会变得形同虚设。还有，"礼"更重要的一点是强调，一旦规范、秩序定了，大家就要照着做，不然的话就是假的、虚的，照着做，就是《易经》中的履卦（☰☱），脚踏实地去实践。礼、履（实践）、理三个字古代相通，发音也很像。这样去理解"礼"，就知道它是多么重要了。一个国家、一个地区的社会制度、经济制度，统统都属于"礼"，它绝不只是人与人见面时礼貌地打个招呼那么简单。制定"礼"的目的，就是为了让大家能够和平相处，行礼的人，知礼的人，都要掌握一个"和"字，一切以"和"为贵。

"先王之道斯为美"，意思是过去帝王的治国之道认为定下来的规范制度是很美的，是用来保障社会的和谐的，绝不是用来束缚人的，我们甚至可以像鉴赏艺术那样来体会"礼"的美，并且很乐于按"礼"行事。"先王之道"有很深的道理，大家从中能够感受到快乐。

"小大由之"，"由"就是顺着这个路子去走，自然而然。意思是不管你的社会地位是低，是高，是强势，是弱势，是小人物，还是大人物，统统都得守礼，没有特权，没有例外。这是一件很美的事情。

"有所不行，知和而和，不以礼节之，亦不可行也。"前面是大的纲要，是对礼的充分肯定，每个人都要乐于从中实践、欣赏"礼"的美，可是又怕一般人拘泥于"礼之用，和为贵"的准则，追求"和"太过执著，所以有子就特地给大家提了个醒。提醒大家在遇到某些情况时，这个准则是不适合的。像有些人多少有点乡愿，为了人际关系的表面缓和，用和稀泥的方式一味求和，该坚持的原则都放弃了，"不以礼节之"的用意就是如此。我们现在也讲礼节，《易经》中也有节卦（☵），"节"就是恰到好处。如果缺乏合理、得体的"礼"去节制"和"，肯定要出问题的。《中庸》称"和而不流"，"流"就是偏离。所以，我们希望大家都能和平相处，但是也不能为了追求和而失去规范和节制，即不能为了"和"而失了"礼"。有些人谁也不想得罪，刀切豆腐两面光，显然不是"礼"的境界，只是乡愿而已。

《易经》中至少有履卦、谦卦、复卦（䷗）这三个卦的意涵明显跟"礼"有关。履卦的"履"就是个人履历表的"履"，是实践的意思。履卦就在讲"和"，《系辞传》说"履以和行、履和而至"。谦卦强调有温、良、恭、俭、让，谦和不争。复卦的"复"，就是"克己复礼"的"复"，在《论语》中直接就讲"克己复礼为仁"。所以履卦、谦卦、复卦谈的都是与"礼"有关的道理，只是境界和切入点不同，内涵一个比一个深刻。履卦是说社会既然已经定了很多规范和秩序，大家就要敦笃实践；在谦卦中，礼可以达到让整个宇宙整体和谐的境界，人与人、人与天地万物都能够和平共处，这是最美的境界；就到了复卦的阶段，"复"就更重要了，颜回就跟"复"有关，他被称为"复圣"。所以"礼"的范畴非常大，不是通常意义上的繁文缛节，那会束缚人的创造力的。

2001 年，我去参观安徽南部的一个村落，当地的古民居里就有写有"履道含和"字样的门楣，"履道坦坦"的"履道"，包含的"含"，"和为贵"的"和"。从古建筑中，你也能发现中国文化已经渗透到华人社会的血液和骨髓里了。

信近于义、恭近于礼

有子曰："信近于义，言可复也。恭近于礼，远耻辱也。因不失其亲，亦可宗也。"

——《学而篇》（1.13）

白话试译

有子说："与人约定守信，尽量合乎正当性，说的话才能实践。待人谦恭，尽量合乎礼节，就远离耻辱了。继承过去的东西，尽量有所创新，这样才可以效法。"

"信近于义","信"就是守信,"义"就是宜,正当的意思,也是恰到好处的意思,不会"过"与"不及"。人之所当为曰"义",见义勇为的"义"。"信"肯定是一种美德,我们跟人有了约定,应该信守承诺。但是还要看具体情况,如果承诺是合乎义的,我们跟人的约定就可以付诸实践。实现自己的承诺就叫"言可复也"。"信近于义,言可复也",就是万一当时的承诺是在一种被逼迫的形势下答应的,或者是勉强签了一些不合理的条约,我们还去守那个承诺就会变得很愚昧,或者会给社会造成伤害。

我们前面说"言必信,行必果",是"硜硜然小人哉",有些时候不能被自己的一些不是很明智的承诺给绑死,为了一个更高的原则,可以选择不兑现。所以,"义"比单纯的守信层次更高,更灵活。孟子说:"大人者,言不必信,行不必果,唯义所在。"在更高的原则面前,他可以反悔,可以不兑现。我们多多少少听过中国古代的愚忠愚孝、愚昧守信的故事。《庄子·盗跖篇》中,有一个叫尾生的年轻人,他跟一个姑娘约定在大桥下相会,结果因为下大雨,发大水了,他还是抱着桥柱子守在那里,最后被淹死了,这就是所谓的"尾生抱柱"。怎么这么不懂变通呢?信要近于义,才"言可复也"。换句话说,信如果不近于义,言不一定要复,你可以想办法把它推掉,要以结果论的事情都要有一个判准。

"恭近于礼,远耻辱也",意思是我们待人要谦恭,懂得温良恭俭让,尽量合乎礼节,就会远离耻辱了。但是有些人的谦恭过头,简直是卑躬屈膝,见到"大师"就下拜。也就是说,恭不近于礼的时候,就会自取其辱。《公治长篇》子曰:"巧言令色,足恭,左丘明耻之,丘亦耻之。""足恭"就是过度恭敬,有点谄媚的味道，把自己的人格贬低了。可见，礼基本上还是建立在一个互敬、互重和自重、重人的平等大原则下。

由上可知，"恭"和"信"还有更高层次的规范，即要以"义"和"礼"作为判断标准。如果恭合乎礼，我们就可以对人恭敬，但条件是别人不能随意侵犯我们。像《易经》谦卦《象传》里说的"卑而不可逾，君子之终也"，如果你太谦卑，人家就踩到你的头上了。符合"礼"的谦卑是没有人敢怠慢你的，这就是"恭敬于礼，远耻辱也"。什么事情都不要过火，不能为了追求形式上的合乎规范，而牺牲了更重要的大原则。

最后一句话就有问题了，自古以来这个地方大多讲得比较含混，显得很突兀，几乎所有的注解都是如此。"因不失其亲，亦可宗也"，"因"就是因袭、继承，"宗"就是效法，意思是我们可以把这个东西作为我们人生的原则或宗旨来奉行，甚至信仰。"亲"在这里通"新"，这样，整个题意才能破解。读过《大学》的同学都知道，《大学》开篇就讲："大学之道，在明明德，在亲民，在止于至善。"朱熹、王阳明，甚至后来的王船山都讲"亲"是亲近民众，但是更好的解释是把"亲"当"新"讲，"苟日新，日日新，又日新"的意思，"亲"跟"新"在古代就是一个字。用"亲"来解释的话，就是你自己"明明德"之后，要去亲近民众，这当然也对，可是如果是"在新民"就更积极了，我自己焕然一新了，再去接触民众，让他们也有所提升，也焕然一新。大家说哪一个意思更积极，更有贡献？"亲"跟"新"，两个解释都通，但是"新民"比"亲民"更好，《大学》的后面就有两种解释。"亲民"只是跟百姓拉近关系，那结果怎么样呢？他会因为关系近就焕然一新地成长吗？不一定。目的是要先知觉后知，先觉觉后觉，你日新又新，也让老百姓因为你的教化而日新又新，最后大家一起"止于至善"，都修成正果。当时《论语》记载下来的这个"亲"也没有错，但它的意思作"新"解可能更妥当。

"因"是因袭、继承，我们要继承传统文化，但同时也要与时俱进，不能抱残守缺。有些人就是太固执地因袭过往，把经典弄得神圣不可侵犯，那样的话，肯定要被新时代所抛弃。因为不合时宜，古人不也说"不可为典要，唯变所适"吗？文化的传承是活的，继往就是"因"，既能继往又能开来，才是灵活的、合格的，可以成为"宗"的思想。这样一解释，就跟前面的接通了，"信"、"恭"、"因"的层次是比较低的，"义"、"礼"、"新"的层次是比较高的。不能因为比较低层次的守信、谦恭或者是完全照搬传统而伤害更高层次的"义"、"礼"和"创新"。《易经》中的"元亨利贞"就是要求创新，其实"因不失其亲，亦可宗也"，换个说法就是"温故而知新，可以为师矣"。当老师的不能抱着旧教材一直讲，温故的目的是为了能够知新，"温故而知新"不就是"因不失其新"吗？"亦可宗"不就是"可以为师"吗？为什么要这样？因为更高层次的"义"、"礼"、"新"都是活的，是能够与时俱进的，而信、恭、因，弄不好就很容易画地为牢，"因"字的外面就是一个框框，我们不能因为拘泥于固有的形式而背离或抛弃更高、更活的创造力。有若说的这段话，与孔子所讲的"学而时习之，不亦说乎"一脉相承。因为"时"一直在变，文化复兴绝对不是文化复古。《易经》中的"复"都是创新的意思，绝对不是回到过去，因为一元复始，万象更新，你不可能回到过去。一字之差，这个解释就把经典完全盘活了。

另外，把"亲"解释成"新"，跟我们前面讲的那一章完全一样。从《易经》来看还是跟礼相关的那三个卦。"信近于义，言可复"，是不是"履虎尾"的履卦？你要履行你的承诺，就是"言可复"。要守信，要实践，要兑现，就是"履"。第二个"恭敬于礼，远耻辱也"，不就是谦卦吗？"谦卑"绝对不是失格，不失格的谦卑才能赢得很多人的敬重。"因不失其新"不就是复卦吗？上一代怀胎生育下一代，下一代跟上一代绝对有很多地方像，但又绝对有属于他自己的新，这样一来，是不是就把三个卦串在一起了？有子讲这话的时候，心中不见得有那三个卦，但是他讲的东西完全合乎那三个卦的推衍。这些全部跟"礼"有关，履、谦、复，连顺序都一样。《易经·系辞传》里说"富有之谓大业，日新之谓盛德"，"之谓"即"就是"，盛德大业必须要"苟日新、日日新、又日新"。在《大学》里，商汤认为自己要与时俱进，不能落后于自己所处的时代，就在洗脸盆上刻下这样的字来提醒自己。这个放在《论语》的《学而篇》中也非常合适，谁都不能学成冬烘。

回也不愚

子曰："吾与回言终日，不违如愚。退而省其私，亦足以发，回也不愚。"

——《为政篇》(2.9)

白话试译

孔子说："我跟颜回谈论一整天道理，他都没有任何质疑，好像有些愚笨。离开教室以后，观察他私下的言语行为，发现他把那些道理完全发挥在他日常生活的实践中了，颜回并不愚笨啊。"

讲评

这一章出自《为政篇》，跟颜回有关。这里面最有意思的是孔子在讲起颜回时候的那个意态。

"吾与回言终日，不违如愚"，很严肃、正式的道理叫"言"，不是我们一般的八卦闲聊。孔子说，我跟颜回谈论一整天道理，他都没有任何质疑，看上去好像有些愚笨。颜回真不愧为孔子的入室弟子，他与老师非常亲近，可以跟老师一磨就是一天。颜回表现得太乖了，简直像个笨蛋一样，别人也搞不清楚他到底听懂了没有。

老师也疑惑，心说你到底是不是真懂，是不敢发问，还是提不出自己的见解？"退而省其私"，一个人独处，旁边没有人看着的时候叫"私"。儒家的学问都是要付诸实践的，等到大家下课了，老师就开始留心观察这个学生在私领域里的一举一动。"亦足以发"，发扬光大的"发"，发现颜回完全做到了知行合一，把所有的道理都运用在他的日常生活中了。这就说明他把老师讲的道理完全弄懂了，根据他的实践经验，他觉得老师讲的确实很有道理，那还有什么好反对呢？"回也不愚"，颜回并不愚笨啊！这段话跟我们在《先进篇》的另外一章讲过的"回也，非助我者也，于吾言无所不说"意思是不是很相近？本来应该教学相长，可是颜回这个学生从来不提问题，"于吾言无所不说"，因为他老师讲的他完全心悦诚服，所以就表现为"吾与回言终日，不违如愚"，但是"退而省其私，亦足以发"，在生活中他把老师讲的道理完全发扬光大、付诸实践了。孔子这么说，大家说他是在赞美还是在挑剔？当然是在赞美！我们在《先进篇》的那一章也讲过了，你要会听，这是典型的"其辞若有所憾，其心实甚喜焉"，表面上看上去好像不满意，其实能有这么好的一个学生，他的心里真的是爽透啦。

由此可见，第一，当老师的要考核学生，不要只看他在课堂上提不提问题，要"退而省其私"。第二，当学生的，要小心老

《孔子圣迹图·观乡人射》

　　孔子观看乡人射箭，感叹地说："先修身心再射箭没有射不中箭靶的，只有贤者能做到；不修身心怎能射中箭靶呢？"《诗经》说："发彼有的，以祈尔爵。"

师随时随地地考核。因为说的不算数，一定要做才算，在公众面前人往往会装得很像个圣人，在没有人看着的私领域，可能就乱来了。这样一来，我们就会发现孔子这个老师其实很不好斗的，他可能会安排一个同学和你同住一间房，然后让他打你的小报告，不过也只有这样才能真把人看清楚，因为很多人善于伪装，善于表演，颜回就经得起这种考验。这一点真的很重要，你要用一个人来承担大任，各方面的考核都要做，"省其私"尤其重要。我们以前不是讲过吗？尧在想把帝位传给舜的时候，不管舜的知名度有多高，不管有多少人讲他人多好，多孝顺，尧并没有因为这些传闻就把国家大权交给他，而是做了一个"退而省其私"的安排，招舜为婿，把娥皇、女英两个女儿都嫁给了他，意思是你们给我看着他，是不是这样？人在自己太太面前哪有什么秘密呢？很可能，每周娥皇、女英两个女儿都要给老爸写报告，还有生活周记，今天老公干什么了，几点几分讲了什么话，有没有背地里在骂你，等等。

温故而知新

子曰："温故而知新，可以为师矣。"

——《为政篇》(2.11)

白话试译

孔子说："重温那些传统的经典要旨，并能从中领悟新的精神，就有资格做老师了。"

讲评

我们现在阅读经典就是"温故"，"温故"的目的不是让你做经典的奴隶，而是让你能在此基础上开创新时代的思想，这样的人才有资格做老师。换句话说，每个时代的人都需要传承旧的东西，传统的经典就像一服药的引子，要能借此开发你自己的智慧，这样才能确保传统得以发扬光大，不断创新。如果用这个标准来衡量，现在的大部分的老师恐怕都不够格。因为温故比较容易，可完全没有办法知新的老师一定很多。孔子是万世之师表，属"圣之时者"。我们前面讲过"赐也何敢望回"，子贡他只是闻一知二，可是颜回闻一知十。闻一，是温故；知二，知十，是创新。前面还讲过孔子对子贡说，我可以跟你谈《诗》了，因为我"告诸往"，你已经能"知来者"了。"来者"就是未来，就是有所创新。另外，我们常说"革故鼎新、洗心革面"，"革"是革除旧的东西，"鼎"是创造出新的东西。因为时代不同了，我们需要的不仅仅是累积过去的知识，还要把那些知识完全消化吸收，真正地活学活用。大家如果去台湾彰化的鹿港，就能看到它的文物馆前面有一副对联，引用的是朱熹的诗句："旧学商量加邃密，新知培养转深沉。"这也是"温故知新"的意思。"旧学"就是古典的学问，"商量"是说你不能照本全收，因为传统文化也有很多弊端，也有很多是需要淘汰的，旧学我们要承袭，可必须经过一个切磋琢磨的过程，让它变得更深邃、更缜密，故称"旧学商量加邃密"；后面是"新知培养转深沉"，很多新知识，还没有经过时代的淘洗、考验，有些东西可能还不成熟，所以要在"旧学商量加邃密"的文化底蕴下，让新知逐渐转向"深沉"。所以，不管是旧学还是新知，都是需要加工的，旧学要商量、要加邃密，让它滴水不漏，能够应付新时代的问题；新知识要培养得它有一股劲道，变得深沉。这两句话是典型的新旧结合，"温故而知新"。

另外，"温故而知新"的"而"不是虚字，"而"在这里是"能够"的意思。为什么我们总强调读经典的重要？因为传统是底蕴，是根本，你生活在一个新的时代，很多创新就是从温故中来的，继往开来嘛！如果你完全切断了跟"故"的联系，创新的"本"就没有了。"一元复始，万象更新"的"复"就是回归到那个根基的本，然后伸枝展叶，开花结果，生长出新的东西。

言寡尤，行寡悔

子张学干禄。子曰："多闻阙疑，慎言其余，则寡尤；多见阙殆，慎行其余，则寡悔。言寡尤，行寡悔，禄在其中矣。"

——《为政篇》（2.18）

白话试译

子张向孔子请教求取俸禄之道。孔子说："多方面弄懂与从政相关的言论，把有疑惑的先放在一边，审慎地说出自己有把握的话，这样就会减少别人的尤怨。多去见识从政的相关行为，把站不住脚的行为先放一边，然后谨慎去做自己有信心的，这样就减少后悔。当你说出的话很少遭尤怨，做出的事很少让自己后悔的时候，官职与俸禄就都不是问题了。"

讲评

这是《为政篇》中的一章，这一段涉及一个叫子张的弟子，《论语》第十九篇是《子张篇》。子张这个人气势很盛，功利心比较重，表现欲强，性情偏激，不好相处。所以在《子张篇》里，曾子、子夏对这位同门师兄弟是很头疼的。《论语》里子张问问题的地方很多，不停地问这问那。

"子张问干禄"，"干"就是求，"禄"就是俸禄，其实就是请教做官之道，因为当了官就能领取俸禄。子张丝毫没有掩饰自己的企图心，他觉得从政一定需要一套技术、智慧，或者有什么晋升之道，所以就直接请教老师到底怎样才能谋到官位？孔子没有说你要去逢迎拍马，也没说你要去接触谁谁谁，他强调的还是一个知识分子进入仕途所需要的基本功。孔子说，想从政不是件容易的事情，必须从一言一行开始，而且一定要审慎，因为政治人物是公众人物，是社会的标杆、人民的典范。其实，孔子的这番告诫适用于每一个人。

"多闻阙疑，慎言其余，则寡尤"，作为一个政治家，当然要博学多闻，"闻"不只是"知道"，而是领悟，前面讲的"闻一知二"，佛经里的"如是我闻"的"闻"都是如此。光知道没有用，电脑可以代劳，随时查就好了，对某个方面有一定程度的理解才能叫"闻"。"阙疑"是指有一些道理还没想通，还没弄明白，不妨暂时搁置。任何人都不是样样精通的，尤其现在知识分科之后，所谓的博士其实就是"专士"，在他研究的那个领域之外，他一点儿也不博，专业权威是不可以随便移植的。"慎言其余"，审慎地说出自己有把握的东西，谈的时候需要审慎。"多闻"很重要，拼命充实自己，了解相关专业领域的一些起码的东西。"则寡尤"，"尤"就是怨尤，这样就会减少别人的怨言。

"多见阙殆，慎行其余，则寡悔"，"多见"，多去历练、见识人生；"阙殆"，"殆"是"学而不思则罔，思而不学则殆"的"殆"，"知己知彼，百战不殆"的"殆"，是指站不住脚、随时会垮的，意思是当你对一件事情的见解还不成熟，还不是很有把握的时候，那就暂时先不要做，先去做你有把握的事情，但是也要审慎。"则寡悔"，这样能减少自己的后悔。

"言寡尤，行寡悔，禄在其中矣"，说出去的话很少遭尤怨，做出的事情很少让自己后悔，官职与俸禄自然就都有了。如果这些基本功不够，不管你靠什么手段获得官位，都将是一个祸害。这是孔老夫子教给子张的做官之道，子张显然还没有达到那个程度，但是老师对这个学生肯定有相当"退而省其私"的了解，因为子张有一点儿浮夸、务虚，内省的功夫不够，所以孔子告诫他，你先别想那么多，不要整天想着搞人际关系，想着要去投奔谁，先把基本功练好，这样一旦上台才不会丢脸。大老板要挑行政人才，也是要从这几个方面去考察的。这套做法适合所有人，并不是专门用来"干禄"的。

虽百世可知也

子张问："十世可知也？"子曰："殷因于夏礼，所损益可知也。周因于殷礼，所损益可知也。其或继周者，虽百世可知也。"

——《为政篇》（2.23）

白话试译

子张问孔子："未来三百年的制度您可以了解吗？"孔子说："殷朝承继夏朝的礼制，废除的与新增的我可以了解；周朝承继殷朝的礼制，废除的与新增的我可以了解；以后若有接替周朝的朝代，即使历经百代我也能知道它的礼制。"

讲评

这一章还是关于子张的，很有名，是《为政篇》比较靠后的一章，表明孔子对社会的发展演变具有高瞻远瞩的预测能力，可以长达三千年，儒家的大宗师就是有这样的自信。

"十世可知也"，一世是三十年，"世"字跟"卅"的写法是不是很像？如果一世算三十年的话，十世就是三百年，子张问老师三百年后的制度大概会是什么样子？孔子回答问题的时候口气很大，他说，"虽百世可知也"，只要我们掌握世事变动的一些规律，了解人性、人情的一些基本法则，不仅是十世可知，即使百世以后，三千年以后的礼制我也可以推测出来。那些大原则从哪里来？从历史中来，由"殷因于夏礼，所损益可知也。周因于殷礼，所损益可知也"而来，即夏、商、周三代的兴亡更替规律来推断，每一个朝代把前朝灭了之后，都会创造出合乎新时代的礼制，观察每一个革故鼎新、改朝换代的过程，都能发现各朝各代增加了什么东西，废除掉了什么不合时宜的东西，这就叫"损益"，也是《易经》中损卦（☷）、益卦（☷）的斟酌、因革损益。"因"就是继承，"革"就是创新，有增加的，也有减少的，关键是要分析、判断出它为什么增加、为什么减少。

所以，从历史中了解社会变迁的大趋势，就可以预测未来。孔子的思想是很开放的，本来他是周朝的子民，那个时候还是春秋末年，还没有到战国年间呢，他就认为周朝也不可能万世一系，将来可能会出现接续周朝的朝代。

附：子夏其人

卜商（公元前507年~？），字子夏，春秋末年晋国人，一说卫国人。"孔门十哲"之一，列名文学科，人称卜子。性格勇武，为人"好与贤己者处"，以"文学"著称，曾为莒父宰。孔子逝后，他到魏国西河进学，主张国君要学习《春秋》，吸取教训，以防止臣下篡权。提出过"仕而优则学，学而优则仕"的思想，还主张做官要先取信于民，然后才能使其效劳。李悝、吴起都是他的弟子，魏文侯也尊其为师。相传《诗》、《春秋》等书，均是由他传授下来。

依《史记》"少孔子四十四岁"推算，子夏当生于周敬王十三年，但卒年不详。他到孔门受业，在孔子自卫返鲁（公元前484年）之后，在孔门诸弟子中，他的辈分较颜渊、子路、子贡等为后。子夏在仕莒期间，将曾子讲堂扩大而成卜子书院，是莒地建立最早、延续时间最长的古书院。

卜商字子夏卫人赠

魏侯

《史记·仲尼弟子列传》记载："孔子既没，子夏居西河教授，为魏文侯师。其子死，哭之失明。"但晚年因哭子丧明，为曾子所责。孔门弟子之有著作传世者，以子夏为最多。相传《论语》为子夏与仲弓合撰。《毛诗》传自子夏，《诗序》即为子夏作，《仪礼·丧服篇》亦传自子夏。《易传》一卷，亦子夏所撰。汉人徐防又有"诗、书、礼乐，定自孔子；发明章句，始于子夏"之说，更可见他在孔门诸子中地位之重要。梁萧统曾将《诗序》编入《文选》中，取中间论诗的起源及作用一段，自来文学家都视为千古之论而乐为称引。

传说子夏活到了一百多岁，作为孔子的著名弟子，在传播儒家学说上，形成了独立的子夏氏一派，成为孔门弟子中有深远影响的重要人物。

唐开元二十七年（739年）追封"魏侯"。宋大中祥符二年（1009年）加封"河东公"。南宋咸淳三年（1267年）晋封为"魏公"。明嘉靖九年（1530年）改称"先贤卜子。"

《孔子圣迹图·拜胙遇途》

　　大夫季孙氏的家臣阳货要见孔子，孔子不见他，便送给孔子一只蒸熟的猪。孔子趁阳货外出时去拜谢，在途中遇见他。阳货对孔子说："怀藏自己的本领却听任国家迷乱，能称为仁吗？"孔子说："不能。"阳货说："喜欢从政却屡次失去机会，能称为智吗？"孔子说："不能。"阳货说："岁月流逝，时光不等人啊！"孔子说："是啊，我将要出来做官了。"

第十章

绘事后素

子夏问曰："'巧笑倩兮，美目盼兮，素以为绚兮'，何谓也？"子曰："绘事后素。"子夏曰："礼后乎？"子曰："起予者商也，始可与言《诗》已矣。"

——《八佾篇》（3.8）

白话试译

子夏问老师："'笑眯眯的女孩子真是好看，黑白分明的眼睛真是漂亮，再绚丽的光彩也因有白色的本质。'这句诗是什么意思？"孔子说："绘画时，先以白色打底，再上彩色。"子夏接着说："礼法规范是不是后来才产生的呢？"孔子说："启发我的是商啊，现在我可以同你谈《诗经》了。"

讲评

这章出自《八佾篇》，是关于子夏的。子夏我们前面介绍过了，《学而篇》里也有子夏的话，子夏对传经有很伟大的贡献，《春秋》、

《易经》等最难懂的经典，都是从子夏这一脉传下来的，他算是孔夫子的关门弟子，继承的是孔子晚年时一些更成熟的思想。

"巧笑倩兮"的意思是笑眯眯的女孩子真好看。"美目盼兮"意思是黑白分明的眼睛真漂亮。这是《诗经·卫风·硕人》里的诗句。"素以为绚"就是"以素为绚"，"绚"就是光彩夺目，"素"就是白。一个是质，本质；一个是文，包装。素是打底的，就像女人化妆，或者我们画画一定要先打底，然后才能涂色彩。也就是说，要有深厚的底蕴和内涵，再加上丰富的文采。子夏请教老师，这句诗的深意是什么？

"绘事后素"，孔子说："绘画时，先以白色打底。"古时候画画也不是只有黑白两色，也要上彩，我们看到的很多花卉图、仕女图，都是先以白色打底，最后再上彩。人生也是一样，先要有一个很自然、朴素、清新的本质，然后再用学养、文采来衬托质朴，再来讲究形式的美，那样的美才是有底蕴、经得起考验的。如果只有包装，没有任何质朴的底蕴，就很难做到耐人寻味。前面讲过"弟子入则孝，出则弟，谨而信，泛爱众而亲仁，行有余力，则以学文"，"行有余力"前面的道德操守的基本实践就是"素"，是人本来就应该要做到的，然后再饰以文采。人如果包装超过了实际本领，就很难持久。像很多整过容的人，假鼻子、假眼睛的就很不耐看。绘画是如此，美女也是如此，任何艺术都是如此。

子夏听到老师用绘画来解释《诗经》的诗句，因此受到启示，就问："礼后乎？"《八佾篇》就是讲"礼"的，子夏的意思是，世间的很多典章制度、礼法规范是不是也是后来才产生的呢？因为"礼"是人定出来的，本质上也是一种包装、一种衬托，是为了使人性的美质能充分展现，在人情、人性的本质上面饰以"礼"这种文，使文与质得以配合。

"起予者商也，始可与言《诗》已矣"，孔子说对此，大为赞扬，能够启发我的就是商啊！以后可以直接和你讨论《诗经》了。商是子夏的名字，老师叫学生当然直呼其名了。

事君数

子游曰："事君数，斯辱矣；朋友数，斯疏矣。"

——《里仁篇》（4.26）

白话试译

子游说："事奉君主如果过于烦琐，就会自取其辱；对待朋友如果过于烦琐，就会被疏远。"

讲评

这是《里仁篇》最后一章，子游、子夏都以文学见长，即以精通经典学问见长，很有文采。这是子游自己的言论。

"事君数"，"数"就是屡次，有烦琐的意思。"斯辱矣"就是自取其辱。你如果事奉老板，看老板有时候做得不对，想进忠言，这是很冒险的事，很可能会招老板烦。虽然你认为自己是在尽职尽责，觉得老板可能出问题了，可是进言一定要有智慧，伴君如伴虎，一般人都很烦有人总在身边啰里啰唆；况且他的位置又比你高，所以你要识相，要懂得察言观色，不然踩了老虎尾巴都不知道。事奉老板要学会要言不烦，讲一次就好，听不听完全在他，千万不能不分时间、地点、不照顾老板情绪，胡乱进言。那样的话，首先，你的进言不会生效；其次，还会惹他烦，最后自取其辱。对朋友进言也一样，朋友在一起要以文会友、以友辅仁，需要切磋琢磨，大家一起成长。理论上讲是如此，但很多人总是啰里啰唆，讲朋友的毛病，他肯定会跟你疏远，所以千万不能书呆子气，觉得自己是善意，那只能说明你不懂人情世故，得罪了人还不知道。《易经》中蒙卦（䷃）卦辞称"初筮告，再三渎，渎则不告"，"渎"就是烦渎了，连占卦这样的事你要是总问《易经》的话，它也会生气的，再问就不灵了。

既往不咎

哀公问社于宰我，宰我对曰："夏后氏以松，殷人以柏，周人以栗，曰：'使民战栗。'"子闻之曰："成事不说，遂事不谏，既往不咎。"

——《八佾篇》（3.21）

白话试译

鲁哀公问宰我关于社主用什么树的事。宰我回答："夏朝时候用的代表植物是松树，商朝的时候就用柏树了，周朝就用栗树，这是要让百姓紧张战栗。"孔子听到了他的话，说："事情已经成了，就不必再花言词去解说了；已成定局的事情，就不要再劝谏了；已经过去的事情，就不要再追究了。"

讲评

这一章是在谈礼，《八佾篇》谈的礼绝大部分都是祭祀。祭祀的礼，有关人跟天地、祖宗、神明之间的"礼"，这里也讲到了三代的问题，宰我很会讲话，有外交才干，与子贡齐名。鲁哀公是当时鲁国的国君，当然想听听孔门弟子的意见。

"哀公问社于宰我"，"社"是古代祭天、祭地的地方，"社稷"跟土地种什么粮食有关，在古代，建邦立国，一定要立社来祭天地，而且要选一种有代表性的、适合种植的树种在社里。这个很有趣，这种树充满了象征意义，将成为立国的一象征、标杆，这也是一种"礼"。换句话说，在某块土地上建立国家，要选择具有代表性的植物，它很有寓意，也很能启发人，反映着一个时代的精神。

鲁哀公问宰我关于社里种什么树的事，宰我对曰："夏后氏以松，殷人以柏，周人以栗。"每一朝代都用不同的树，"夏后氏"就是夏朝，夏朝时代表性植物是松树，到商朝的时候就改成柏树。改朝换代时，社的象征也要更换，就像重新纪元一样。周朝不种松树、柏树了，种的是栗树。

本来，宰我的话说到这里就可以了，因为鲁哀公所问之事，宰我都答了，可是他最后又多了一句嘴，因为当是正值春秋末年，过去的松和柏没有什么好解释的了，夏、商已经过去了，现在是周朝，周朝为什么要用栗树呢？宰我就给做了点发挥，这是典型的画蛇添足，一定会挨老师骂的。"使民战栗"，说周朝种栗树，让老百姓战栗恐惧，官员们作威作福，这就不是王道了。宰我跟正在掌权的鲁哀公说这种话，鲁哀公可能一想，对啊，我也要"使民战栗"！言多必失，本来栗树不是这个意思，宰我能说会道，就想多讲一点，结果糟了，误导了鲁哀公，解释也不合乎历史事实，老师就生气了。

子闻之曰："成事不说，遂事不谏，既往不咎。"孔子听说了之后，就说事情已完成，就不必再花言词去解说了；已成定局的事情，就不要再去劝谏了；已经过去的事情，就不必再追究了。

仁而不佞

或曰："雍也，仁而不佞。"子曰："焉用佞？御人以口给（jǐ），屡憎于人。不知其仁，焉用佞？”

——《公冶长篇》（5.4）

白话试译

有人说："冉雍这个人，称得上仁者，但是口才不够善巧。"孔子说："口才何必善巧？靠着伶俐的口才去跟别人抗争，常常引起别人的厌恶。我不知道他是不是真的'仁'者，但是又何必口才善巧？"

讲评

再看《公冶长篇》中的一章，这是关于另外一个学生冉雍的。冉雍，字仲弓，以道德操守见长，孔门十哲之一。孔子非常推崇他，觉得他非常有为政的才干。

或曰："雍也，仁而不佞。""或曰"即有人说。有些人虽然拙于表达，但是内在很厚实；有很多人喜欢表现，喜欢讲话，甚至沾染上所谓"名嘴"的习气，但显得很不稳重，他说的东西自己绝对做不到。后来我们管爱拍马屁的人叫"佞"，这是一个很负面的评价。司马迁的《史记》还专门给那些喜欢逢迎拍马的小人立传，曰《佞幸列传》，"幸"就是侥幸，靠巧言令色为自己谋取高位，享荣华富贵。史书上把那些人的嘴脸都刻画出来了，很有趣。

孔子听到有人对他学生冉雍的批评，马上就反驳："焉用佞？"何必要口才善巧？"巧言令色，鲜矣仁"。"御人以口给，屡憎于人，不知其仁，焉用佞？""御"就是防御、对抗。"口给"，"给"就是足的意思，口才绝对不会缺乏。"御人以口给"就是靠着伶牙俐齿去跟别人竞争、对抗。"屡憎于人"，很容易惹人厌恶。人情、人性确实是这样，我们对那种特别会说的人，一般会多加小心，因为轻诺必寡信。可是，孔子也不轻易相信冉雍已经到了仁的境界，这就是作为老师的审慎，不轻易称许任何一个学生，何况"仁"是很高的一个标准。"不知其仁，焉用佞？"我不知道他是不是真的已经达到"仁"的高度，但又何需口才善巧？

《金刚经》记载，佛说："若以色见我，以音声求我，是人行邪道，不能见如来。"佛的意思是不要用色相来见我，如果你完全用外在的能说会道的表现去见如来，那是不可能的。"是人行邪道，不能见如来"，"如来"就是"仁"，核心的本性，也就是众生皆有的金刚心。

宰予昼寝

宰予昼寝。子曰："朽木不可雕也，粪土之墙不可圬也，于予与何诛？"子曰："始吾于人也，听其言而信其行，今吾于人也。听其言而观其行，于予与改是。"

——《公冶长篇》（5.9）

白话试译

宰予在白天睡大觉。孔子说："腐朽的木头不能用来雕刻东西，废土砌成的墙壁不能涂平，我对宰予还有什么好责备的呢？"孔子接着说："原来我对待别人，听到他讲的话，就相信他行为上也是这样；但是现在我听了某个人讲的话，还要观察他的行为。我是看到予的情况，才改变态度的。"

讲评

这一章的宰予，就是那个大白天睡觉的弟子。睡一觉真是传诵千古了，就让大家都记住了，真是很划算。很多人对《论语》的其他篇章没兴趣，对这一段超有兴趣。

"粪土之墙不可圬也","圬"就是在表面上涂油漆或粉刷涂料。如果是"粪土之墙",本质很糟糕,"不可圬也",你想在上面粉刷颜色,那肯定要多难看有多难看。孔子在这里骂人骂得很厉害。

"朽木不可雕也",古代人们希望自家房檐上的木头,从外面看起来不是太素,就在上面雕龙、雕凤,也就是包装。如果木头的本质好当然是锦上添花。如果是"朽木",一块腐朽的木头,"不可雕也",你去雕它干什么?完全不值得!孔子骂宰予是"朽木",已经从根子上烂掉了,意思是我怎么雕琢你,你也不可能成为栋梁。"行有余力,则以学文",因为你的行有问题,所有的后天教化都没有意义了。

"于予与何诛?"意思是,我对宰予还有什么好责备的呢?孔子骂宰予的话,他的学生都听到了,两千多年后的我们也都听到了。有人说,宰予不就是大白天睡个懒觉,孔子至于生那么大气吗?这个问题就变成了一个公案,很多人觉得,难道古人不睡午觉吗?另外还有一个说法,说"昼寝"是"画寝",说"昼(書)"是畫(画),多一竖不就叫畫了吗?如果是"画寝","寝"就不是在睡觉了,"寝"就是宿舍。换句话说,当时孔子的学员们在曲阜那边可能有学生休息室。那个时代的风潮比较虚浮,很多人喜欢在自己寝室的墙壁上画画,宰予也在他宿舍的墙壁画画了。孔子很不喜欢这种奢华的风气,在检查内务的时候发现了,就生气了,也不管他们几个人住一间房,当场就说:"朽木不可雕也,粪土之墙不可圬也。"我个人有另外一个想法,首先"画寝"比"昼寝"更有道理,但宰予很可能画的是春宫画,青春期的躁动,大家知道吗?我们都经历过那个时代,学校厕所的墙上经常写着很多不堪入目的东西,也有画画的,谁谁谁爱女生,谁谁谁如何如何……可能宰予在学校整天读书太闷了,他又是个爱表现的人,

《孔子圣迹图·泰山问政》

　　孔子率弟子到齐国去时路过泰山，忽然听到一个妇人哀伤的哭声，遂让子路前去询问。妇人说："从前我公爹死于虎口，现在我丈夫和儿子也死于虎口。"子路问："为什么不离开这里呢？"妇人说："这里没有苛捐杂税啊！"子路回来后告诉孔子，孔子说："苛捐杂税比老虎还凶猛啊。"

就在墙上画了很多类似的东西，没想到让老师给看到了。我们找这么多理由，目的是想让孔子骂宰予这件事尽可能地合理。

老师的气还没消："始吾于人也，听其言而信其行，今吾于人也。听其言而观其行，于予与改是。"原来我对待别人，听到他讲的话，就会相信他行为也是这样；但是现在我听了一个人说的话，还要观察他的行为。我是看到宰予的情形才改变态度的。

不管这件事情的来龙去脉到底是什么，老夫子为什么会发这么大火？就是因为一个学生，本来老师对他的期望很高，可是这个学生的所作所为太让他失望了，所以他后来对学生的考察就更严格了。不再听你说什么，而是要看你做什么，这种做还不是在公众场合的表演，还要"退而省其私"，在私底下考察。他得出的结论是有道理的，确实有的人根器太差，"苟非其人，道不虚行"。人品不好，传学、传道、传法、传衣钵都不能随便。如果那个人程度太差，白费工夫，对牛弹琴。还有，就是我们对任何人都不要听其言就信其行，那样太冒险了，连孔子都犯过这样的错误。"听其言而观其行"，这个态度的调整当然是正确的。

雍也，可使南面

子曰："雍也，可使南面。"

——《雍也篇》(6.1)

白话试译

孔子说："冉雍可以做政治领导人。"

讲评

《论语》专门有《雍也篇》，这是另外的标杆人物，这一章是孔子对冉雍，也就是仲弓的高度推崇。

"雍也，可使南面"，《雍也篇》第一章，就有这句话，可见老师多么推崇他的学生冉雍。前面有孔子对颜回的重视，这里是对冉雍的推崇。冉雍在《论语》中的出场率并不高，没有颜回、子路那么多，但是这里的推崇一字千金，孔子直接称许这个学生"可使南面"。老夫子可不是随便讲话的人。

"可使南面"即可以南面为王，这样的话脱口而出。换句话说，说明冉雍已经不只是"为政以德"了，在这里孔子绝对肯定地认为冉雍有这样的才干、这样的智慧、这样的德行，可以从内圣到外王。其实在古代社会，讲这样的话是犯忌的。由此我们可以看出，春秋战国时期的言论真的很自由，否则就不会出现"百花齐放，百家争鸣"的思想嘉年华。可是到秦汉以后，真正实现中央集权了，一直发展到明清，这样的话不能随便讲，否则就会惹来杀身之祸。如果你说哪个人可以做君王，那就意味着要把当朝的皇帝搞掉。后来的社会政治背景下，这样的言论带来的后果就不能想象了。但是在春秋战国时代，自由的气氛确实存在，而且大家都很尊重知识分子，那时的知识分子除了著书立说，还有实际的从政能力。所以后来很多官至丞相的，原先都是一介平民。

居敬而行简

仲弓问子桑伯子。子曰："可也简。"仲弓曰："居敬而行简，以临其民。不亦可乎？居简而行简，无乃太简乎？"子曰："雍之言然。"

——《雍也篇》（6.2）

白话试译

仲弓问子桑伯子这个人的做事风格怎么样？孔子说："这个人

还可以，他行事简要。"仲弓说："本身内心严肃，行事简要，这样来领导百姓，不是很好吗？要是本身内心随便，行事又简要，岂不是太过于简便了吗？"孔子说："雍的话是对的。"

讲 评

"仲弓问子桑伯子"，仲弓一听老师这么称许他，认为他是人君之才，就问老师，子桑伯子这个人的做事风格怎么样，是不是一个值得效法的对象？子桑伯子似乎在《庄子》里也有提到，为人颇有道家风范，比较潇洒，不太拘小节。

"可也简"，孔子说，这个人还可以，他简要。意思是他掌握了"简"的原则，领导统驭就是化繁为简、以简驭繁。一个真正懂得韬略、能把握大方向的领导，肯定不会什么事都插手的，"易简而天下之理得"，多繁杂的事他都能抓住关键，举重若轻。老子说"治大国若烹小鲜"，这是典型的道家作风。"天下本无事，庸人自扰之"（《新唐书·陆象先传》），庸才才会没事找事，把简单的事情给弄复杂。

老师只给了子桑伯子一个"可"的评价，意思是说他够格了，但并不是最高境界。仲弓本人对子桑伯子也有一个看法，他认为子桑伯子好是好，但还不是最好。换句话说，我们要吸收他的好，克服他身上的缺憾，尽量做得更完善。"居敬而行简，以临其民，不亦可乎？"本身内心严肃，行事简要，这样来领导百姓，不也很好吗？"居敬"有点类似"内圣"的功夫，"敬"是"敬慎不败"，指自己也要很严谨，能固守原则，懂得管理自己，真正成为一个榜样、标杆，然后再掌握一个简的法则去施政；"临"就是领导的意思，"以临其民"，就是以这样的风范去领导群众。可是"居简而行简，无乃大简乎"？仲弓的意思是，他领导群众的方式我赞成，但是他不是"居敬"而是"居简"，太放松、太潇洒，"简"得有点过分了，在生活、仪容等很多方面不拘小节，邋里邋遢，这跟儒家所强调的领导统驭有一定的区别。子桑伯子是道家的典型人物，道家讲的"无为而治"与儒家不完全一样，《中庸》中讲"大舜"是"无为而治"的典范，跟道家讲的"无为而治"有差别。儒家的"无为而治"，以简驭繁，本身要"居敬"，而道家是"居简"。

"雍之言然"，孔子说，冉雍讲的话是对的。因为冉雍把道家和儒家的细微分别讲出来了，儒、道两家的"无为而治"都懂得行简的领导艺术，对于自身的要求，道家比较疏略，比较潇洒，是"行简"；可是儒家是非常精深的，是一步一步推出去，即"居敬"。"居敬"跟"居简"在管理自己这方面有差别，大致是这样。

附：子游其人

子游（公元前 506 年～？），姓言，名偃，字子游，亦称"言游"、"叔氏"，春秋末吴国人，小孔子四十五岁。与子夏、子张齐名，"孔门十哲"之一，以擅长文献著称，位列文学科第一名。孔子曾称赞他："吾门有偃，吾道其南。"也就是说因为有了子游，孔子的学说才得以在南方传播。子游的儒学思想曾为历代人们所推崇，元代翰林学士张起岩称："夫以周之季世，列国争雄，功私是尚，以吴人乃能独悦周公之道，北学中国，身通受业为孔门高弟，孔子以为子游习于文学。列于文学之科，又为鲁所器重，委以民社。推引学道爱人之语，以诗书孔乐熏陶其民，弦歌之声复闻于今……"

子游二十多岁就担任了"武城宰"（治所在今山东费县西南），实行孔子关于"君子学道则爱人，小人学道则易使"的教诲，孔

子到武城时，"闻弦歌之声"，甚
为嘉许。《史记·仲尼弟子列传》
记载：

> 子游既已受业，为武城
> 宰。孔子过，闻弦歌之声。孔
> 子莞尔而笑曰："割鸡焉用牛
> 刀？"子游曰："昔者偃闻诸
> 夫子曰，君子学道则爱人，
> 小人学道则易使。"孔子曰：
> "二三子，偃之言是也。前言
> 戏之耳。"

言偃字子游吴人赠
吴侯

子游尊崇儒学，兴办教育，教化民众之风自汉代起至明清，一
直影响着世世代代的武城人，沉积和丰富了武城的民族文化底蕴。

子游自称重视仁义之根本，批评子夏的门人曰："当洒扫应对
进退，则可矣，抑末也，本之则无，如之何？"（《论语·子张》）

其留下的名言有："事君数，斯辱矣；朋友数，斯疏矣"（《论
语·里仁》）；"丧致乎哀而止"（《论语·子张》）。孔子去世后，子
游自己授徒徒讲学，其后学在战国时期形成了一个颇有影响的学
派，但却受到荀子的严厉批评。

唐玄宗时，子游被追封为"吴侯"，宋代又被封为"丹阳公"，
后又称"吴公"。今江苏常熟存有"言偃宅"、"言子墓"等遗迹。

让《论语》的智慧光照全世界

——《论语演义》出版缘起

《论语》可以说是中国人最重要的一部书，古人半部《论语》可以平治天下，今人半篇《论语》可以护佑一生，一点都不是虚夸之言。

《论语》对于每一个中国人来说，就像《圣经》之于大多数的西方人一样重要，可是《圣经》对于大多数西方人可以说是人人必读、家家必备之书，现在在西方很多的酒店、旅馆，客人打开抽屉，看到的就是一本《圣经》。令人遗憾的是，《论语》在中国人的世界中，其普及程度远不如《圣经》。可以说，一生中真正认真读过一遍《论语》的中国人绝对是不多的。其原因自然是多方面的，我们姑且不论。

单从出版的角度而言，我们调查发现，国内竟然没有一部适合广大普通读者（尤其是初学者）阅读的《论语》导读版本。很多版本不是解释得错误百出，就是学术性太强，令人望而生畏。总而言之，就是缺乏一种权威的、对广大读者具备吸引力的《论语》读本。我们认为，这可能也是造成很多人不想读《论语》或者读不懂《论语》的一个重要原因。

台湾一位著名儒学研究者说，身为华人，一生之中只有仔细研读一遍《论语》，方才不愧于身为此一语文及此一文化的后裔。我们甚至还可以说，一个人如果没有读过《论语》，甚至因读不懂而错失《论语》的智慧，那将是他一生中最大的损失。

有鉴于此，我们发愿，我们也敏于行动，隆重推出台湾讲经二十多年的刘君祖先生所著的总计近八十万字的力作——《论语演义》系列，希望为《论语》这部圣典今后在中华大地的普及尽一份心力。我认为这套书有以下两个突出特色：

其一，讲评透彻，探本溯源，深入浅出，平实而不失深邃，是普通大众（尤其是初学者）读懂《论语》的最佳版本。

当下有关《论语》的书大致可分两类，一类是有关作者阐述自己阅读《论语》的心得，这些书多远离《论语》的真意，自然更不是圣贤自己的《论语》精神；另一类，虽是知名专家学者的解读，但因为作者多附会太多自己的意思，加之学术性强，内容也不够通达翔实，因而不能贴近普通读者的心灵。

其二，本系列书对《论语》的讲解，充分体现了作者与时俱进的明敏与金针度人的真诚，凸显了《论语》的时代精神，真正做到了把《论语》彻底讲清楚，同时又强调了圣人智慧的经世致用。

已故一代大儒爱新觉罗·毓鋆先生说过："《论语》是结论之语，读完《五经》，始明《论语》。"刘君祖先生是两岸公认的易学大家，同时是当代《春秋》经的研究大家，学养扎实而丰厚，在台湾民间书院讲授传统经典二十多年，深受广大听者喜爱。他对《论语》的讲评秉持一贯的以经解经思路，贯通《易经》、《大学》、《中庸》、《孟子》、《礼记》等经典，鲜活地展现了孔子的精彩智慧，拉近了现代人与圣人的距离。只要你怀着孜孜追求智慧的愿望与敏锐的心思，人人都可以得偿所愿。

从这些方面说，我们认为这一系列《论语演义》是最接地气的。习近平总书记说过："要讲清楚中华优秀传统文化的历史渊源、发展脉络、基本走向，讲清楚中华文化的独特创造、价值理念、鲜明特色……做好创造性转化和创新性发展。"可以说，这一系列书的出版是全中国热爱传统文化者的福音！

对于一般初读《论语》的读者，若希望一上手就能真正读出《论语》的真味，编者认为除要选择最合适的版本外，还要特别留意以下几点：

一、阅读《论语》的态度。因为《论语》是孔子与其弟子的语录。毫无疑问，我们在阅读《论语》时，要像孔子当时学习古代经典一样，不仅要有诚心求智慧的愿望，而且要时时以敏锐、敏感的心去参悟原典中每句话的精义，因为《论语》中每一句话都是"经文"。所以，对于"经文"中每个字、词都要弄清楚其深刻内涵，而且要习惯性地探问《论语》中每一句话到底在说什么，以及为什么要这样说。

二、阅读《论语》的妙法。首先，阅读《论语》时，要加入自己的"着眼点"，即让自己对当时孔子与弟子对话情境有"感同身受"一样。当《论语》中所谈部分与自己过去的人生经验产生共鸣时，自己就会对孔子的话语心有戚戚焉。

其次，阅读《论语》时，还要把时空拉回到孔子的时代，设想自己与孔子亲身会晤，促膝长谈，把孔子看作一位愿意花时间一对一、悉心教导、指正自己的良师（实际上孔子就是这样的人），从而拉近与孔子的距离。

三、尽可能多了解《论语》中相关出场人物的背景知识与各自性格。我们要知道《论语》中所有的语句不都是同等重要的。按重要程度一般可分以下四个层次：最重要的是"子曰"部分；其次是孔子与十大杰出弟子如颜渊、仲弓、宰我、子路、子贡等人的交谈；再其次是孔子与其他平凡弟子的对话；重要性最低的是孔子的弟子自行发表的见解。

通读完《论语》，你就知道，孔子既是一位精通《易经》的世界"圣哲"，是智慧的化身；又是一位"吾少也贱，故多能鄙事"的平常人。他思维缜密，对人心、对事理有一种洞见，他深刻了解人性是向善的，人心是多变的。他是世界上最重视真诚的人，也是理性思维、正向思维、创意思维的始祖。

另外，本系列书的顺利出版，在此要特别感谢参与编辑工作的同道好友李炳青女士、同仁龙若飞先生，还有为此付出辛劳的殷磊女士，以及支持鼓励我们的台湾朋友阎以焰老师、邓美玲老师。

最后，我们还要特别感谢中国孔子基金会，本系列书的出版得到了中国孔子基金会的大力支持，多年来，他们对儒家文化的推广不遗余力，我们十分感佩，在此，谨表谢意！

"爱智典藏"主持人 崔正山

二〇一四年初夏

附：

为了从根救起中华优秀的传统文化，让中华民族的古典智慧在大时代重新焕发光彩，我们诚意邀请有志于推广中华传统文化、并有一定的传统文化素养，以及有相关的文字编辑功力的同道加入到我们的团队，为文化的薪传尽一份心力，以期唤醒每一个中国人的"龙心"，早日实现中华文化的复兴。

"爱智典藏"国学馆推广中心

（e-mail：cuizhengs@vip.sina.com）